W0282767

ON N'A QU'UNE VIE

#YOLO

TOUT POUR RÉUSSIR,
TROUVER SA VOIE,
ÊTRE HEUREUX ET SEREIN

Après de brillantes études, plus ou moins bien vécues, Sophie Le Ménahèze est devenue avocate d'affaires. Occupant ensuite des postes importants dans des entreprises internationales, elle a passé plusieurs années en Asie, avant de revenir s'installer à Paris.
Toujours en quête de sens et de bien-être, Sophie est une coach assumée. *On n'a qu'une vie* est son premier livre.

ISBN : 978-2-253-18837-7

— SOPHIE LE MÉNAHÈZE —

ON N'A QU'UNE VIE #YOLO

TOUT POUR RÉUSSIR, TROUVER SA VOIE, ÊTRE HEUREUX ET SEREIN

— LE LIVRE DE POCHE —

SOMMAIRE

– INTRODUCTION –

Des années après avoir été diplômée de mes « très belles études », je continue à souffrir à chaque fois que j'entends parler de lycéens qui croulent sous le boulot, ou d'étudiants débordés et mal dans leur vie. Cela évoque des souvenirs douloureux, de fatigue, de stress, de montagnes à gravir sans savoir par où, comment ni vraiment pourquoi – sans recevoir aucun conseil de navigation ni guide de survie.

Une fois qu'on est dans le monde du travail, on peut accéder à (voix sérieuse) *des outils de développement personnel*. On apprend « sur le tas » bien sûr, en ouvrant les yeux (et souvent en regardant ce qui se passe hors de France), mais aussi en lisant des livres et, pour les chanceux, en suivant des formations.

J'ai donc écrit un livre pour vous, les jeunes, conçu comme un manuel thématique avec des conseils pratiques de *life coaching*. J'espère que vous trouverez son contenu drôle et sympa à lire, il est en tout cas nourri d'anecdotes inspirantes tirées en partie de mes propres expériences. J'aurais adoré que quelqu'un fasse ça pour moi il y a quelques années. Parce que c'est maintenant que vous en avez le plus besoin. C'est aujourd'hui que vous allez devoir faire de vrais choix : filières scolaires, orientation professionnelle, et pour cela, il vous faut un « bon dossier »... En même temps, à cette époque de votre vie, vous devriez profiter de la vie et de l'absence de grosses responsabilités.

En réalité, vous êtes en permanence sous pression. Les sources d'angoisse sont multiples à commencer par votre avenir et votre vie sociale. Et pourtant on décide encore à votre place la plupart des choses qui vous concernent. Et ça dure longtemps : des scientifiques viennent de dater l'âge de la fin de l'adolescence (biologique et psychique) à 24 ans...

Vous avez remarqué que la plupart des conseils qui vous concernent s'adressent aux parents, pas à vous. On passe par-dessus vos têtes pour prodiguer ces conseils « bien-être/survivre à sa *life* » ! Moi je m'adresse à vous directement, parce que vous êtes parfaitement capable d'entendre ce que je dis et de le mettre en pratique.

Picorez, il y aura dans ce livre des choses qui vous parleront, ou pas, mais vous en sortirez sûrement avec plus d'énergie et mieux armés. Peut-être avec l'envie de « tirer le fil » de telle ou telle idée ou méthode. Pour ça, je vous ai mis des notes de bas de page, et une bibliographie de choses à lire ou à écouter : des articles, des audio books sur YouTube, des conférences TED[1].

Le but n'est pas que tous mes lecteurs deviennent des champions. L'idée, c'est plus que vous vous réalisiez vous-même : sans stress, en ayant confiance en vous, en mettant du positif autour de vous, et en étant bien dans vos baskets au quotidien. Quitte éventuellement à devenir une star.

Des esprits chagrins me demanderont ce qui me donne le droit de donner des conseils. Après tout je ne suis pas vraiment (pas

[1] TED (Technology, Entertainment, Design) est une organisation media qui propose des conférences avec des orateurs inspirants qui ont réussi dans leur domaine. http://www.tedxparis.com

encore ?) une rock star. J'ai mis beaucoup de temps à prendre vraiment confiance en moi, et aujourd'hui je possède des méthodes et des réflexes qui m'auraient bien changé la vie à 16 ou 20 ans.

Ce livre-guide est une boîte à outils que je me suis construite sur des années, en consultant et en m'inspirant de dizaines de professionnels de toutes les spécialités. J'y aborderai avec vous de manière hyper pratique des questions comme la gestion de son image, celle du stress, le bien-être, l'organisation de votre travail, l'orientation, le blocage des croyances négatives sur soi-même, ou encore le profilage des profs.

I

– SE PRÉPARER –

1 LIBÉREZ-VOUS DES ÉTIQUETTES ET DEVENEZ POSITIF, POUR DÉCUPLER VOS POSSIBILITÉS

Nous construisons certains aspects de notre personnalité à partir d'étiquettes qu'on nous a collées depuis l'enfance. Lorsque vous en prendrez conscience, ce sera un véritable choc. Les réflexions que je vais vous proposer vous donneront aussi des outils au quotidien, pour limiter l'influence sur votre vie de certaines paroles négatives, dites « limitantes », qu'elles viennent de votre entourage, mais aussi de vous-même.

A. Apprenez à repérer les « paroles magiques » qui vous envoûtent

William est nul en maths. Son père l'a su très rapidement, dès les toutes petites classes. Il n'a pas la tournure d'esprit, les chiffres ne sont pas son truc. Il est dans la lune, littéraire, bref il a rapidement été désigné « artiste de la famille ». Serena[1], en revanche, fait des maths et de la physique toute la journée, et je dois dire qu'elle y réussit bien, comme dans les autres matières d'ailleurs. Elle fera une école d'ingénieur ou médecine, comme sa famille l'a proclamé en plaisantant quand elle avait 4 ans, puis très sérieusement par la suite.

> Et si William était en fait capable d'apprécier les matières scientifiques et de s'y épanouir ? Et si Serena, par ailleurs fan de danse moderne, était en train de se diriger vers une voie balisée sans écouter le fond de son cœur ?

Lorsque vous étiez enfant, votre entourage a sans doute prononcé des jugements sur vos qualités et vos défauts, et des prédictions sur votre futur. Il y a donc la « matheuse de la famille », le « bricoleur », le « lent », la « paresseuse ». On vous a mis dans des cases. On vous a même « jeté des sorts » en prononçant certaines paroles. Combien de fois ai-je entendu des parents me dire devant l'intéressé : « Elle est l'aînée des jumelles, elle a un caractère beaucoup plus fort que sa sœur », ou « Il est vraiment vif, il a parlé à 1 an alors que son frère est plus lent et ne sait pas dire un mot ». Au secours !

On juge tous hâtivement, c'est humain – ensuite on change d'avis ou pas. Or pour les plus jeunes, ce qu'un adulte dit est parole d'Évangile, et les « vérités » ainsi prononcées s'incrustent dans l'inconscient de l'enfant comme un sort magique qu'on lui

[1] Oui, je vais prendre uniquement des prénoms anglo-saxons. Je n'arrive pas à trouver de faux prénoms français qui sonnent vrai dans mes exemples.

jette. Ça vous est arrivé à vous aussi, et en général vous avez complètement oublié l'incident.

Réfléchissez aux étiquettes qu'on a pu vous coller (parmi ce qui est négatif et limitant… si vous vous voyez en prix Nobel, gardez cette pensée !).

Fouillez vos souvenirs et cherchez d'où vient cette image de vous-même. De qui ? De quel événement ? Qu'est-ce qui prouve que vous avez ce problème ?

La bonne nouvelle ? Une fois qu'on vous aide à repérer ces phénomènes, ils commencent à glisser sur vous sans s'accrocher.

● Pour sortir du piège des étiquettes

Il faut d'abord en prendre conscience.

En regardant autour de soi, on constate que **la réussite vient à ceux qui ne se posent pas de questions paralysantes sur leurs capacités** (et qui se donnent du mal bien sûr). Peut-être que quelqu'un dans leur entourage les a rassurés et leur a donné confiance en eux. Ils ont aussi pu être moins exposés à la parole magique négative que les autres.

– Il y a celle qui gagne toujours dans les jeux et au sport.

– Il y a celui qui est charismatique, qui n'a besoin de personne : tout le monde veut être avec lui, l'inviter, être dans sa bande de potes.

– Il y a celle qui a les meilleures notes, tout le temps – même quand on attend qu'elle ait la meilleure note, donc avec la grosse pression. Alors que vous, peut-être, vous auriez flippé. D'où le fameux parcours de notes en montagnes russes : disons 15/20, puis 9, puis re-15 quand on n'avait plus la pression, puis 8… Bon, pour certains c'est 3 puis 9 puis 2,5 puis 10/20…

Pourquoi cette fatalité ? Y a-t-il deux catégories immuables gagneurs/perdants ? Non, personne ne sait rien à l'avance, personne n'est prédestiné. Mais au fond de vous c'est l'impression que vous avez. La plupart d'entre nous partent en effet avec un handicap : **la croyance que le succès, c'est pour les autres.**

Répétez-vous ceci : personne n'est prédestiné à la réussite, comme personne n'est voué à l'échec. Le subconscient a une importance capitale.

Vous prononcez, entendez et pensez des prédictions négatives au moins dix fois par jour. Du négatif anodin, comme « Ça y est Netflix déconne, on ne va pas pouvoir regarder *13 Reasons Why* ce soir », ou des pensées plus lourdes de conséquences comme « Les études/les mecs gentils, ça n'est pas pour moi ». Eh bien, votre subconscient accepte comme des vérités ces suggestions négatives, et vous mène à l'échec. C'est par exemple ce qu'écrit le penseur américain du XXe siècle Joseph Murphy. Murphy explique que **notre esprit conscient programme notre subconscient (comme un ordinateur)**. Ou pour le dire autrement, le conscient agit comme un commandant de navire, qui ordonne le mouvement au subconscient-gouvernail.

Le cercle vicieux de l'autosabordage

Je vais illustrer pour vous ce mécanisme en prenant un exemple.

Tout commence par une influence extérieure : depuis que vous êtes enfant, on vous rabâche : « Tu ne peux pas te concentrer sur quelque chose plus de deux minutes » – après vous avoir observé devant un puzzle à 3 ans probablement...

- **Estime de soi dégradée** : vous avez intégré ce jugement négatif comme un véritable défaut dans votre caractère.
- **Croyance qu'on n'est pas capable** : du coup, vous êtes persuadé que certaines activités ne sont pas possibles pour vous, comme lire un livre, écouter longtemps en classe, réussir un problème qui demande de la réflexion...
- **Stress paralysant** : la conséquence quotidienne de cette croyance est que vous allez tout faire pour ne pas être confronté à ce genre d'activité/épreuve (**évitement**) ou, lorsque vous n'avez pas le choix, vous allez générer un gros stress (« Je dois le faire mais je ne vais pas y arriver puisque je n'ai pas les outils ! » – panique à bord).
- **Résultat prévisible : on n'essaie pas, ou on échoue**. Toutes les conditions sont réunies pour rater ou ne même pas tenter votre chance.
- **Estime de soi dégradée** : les échecs ou le fait de ne même pas faire d'essai vont ensuite venir dégrader votre estime de vous, puisqu'en effet, vous êtes nul(le), la preuve, vous n'y arrivez pas, ou vous n'entreprenez rien qui vous « mette en danger », donc vous vous privez des occasions de voir qu'en fait vous êtes capable de réussir. **On est reparti pour un tour de cercle vicieux...**

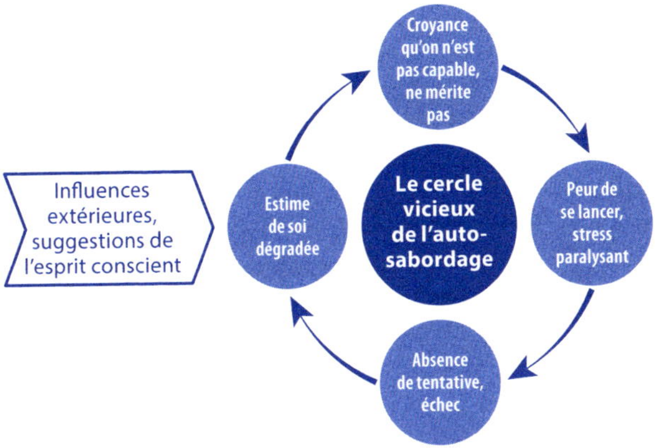

Quand votre inconscient est rongé par l'acceptation d'une croyance négative, ça enferme votre souffle de vie et de création dans une boîte. **Parce que c'est le subconscient qui inspire, qui est le siège du génie, des talents et de la mémoire.** Il génère les réalisations artistiques, entrepreneuriales, et les traits d'humour. Quand vous trouvez une idée top ou un souvenir enfoui que vous cherchiez avant-hier, ils viennent en général soudainement, au réveil ou au moment où vous n'y pensez pas, n'est-ce pas ? Cette idée du subconscient moteur créateur ne vient pas de moi. On retrouve ce principe chez les penseurs non académiques[1], dans les sagesses orientales et dans certains grands courants de psychologie[2], mais aussi chez de nombreux scientifiques.

[1] Académique : traditionnellement admis dans les milieux de spécialistes.

[2] Théories dites systémiques ou interpersonnelles développées par le Mental Research Institute of Palo Alto, California depuis le milieu du siècle dernier, cousines de la thérapie comportementale et cognitive.

EN RÉSUMÉ

- Depuis votre enfance et tous les jours, les jugements et les paroles des autres génèrent en vous des croyances négatives sur vous-même.
- Faites l'exercice de repérer ces croyances, et de vous immuniser le plus possible.
- Il faut **chouchouter votre subconscient :**
  - Repoussez activement les sentences négatives, tous les jours ;
  - Nettoyez les croyances limitantes ou douloureuses « incrustées » ;
  - Reformulez positivement vos pensées, pour vous reprogrammer.

B. Au quotidien, adoptez le réflexe « Bouclier contre le négatif »

Je vous propose un réflexe simple : si vous-même ou quelqu'un d'autre prononcez une « vérité » ou une « prédiction » qui vous contrarie, ressaisissez-vous pour empêcher votre subconscient d'accepter la prédiction. Vous pouvez croiser les doigts et prononcer mentalement un mot de conjuration : « Annule ! », *« No way! »*, ou ce que vous voulez. Ça n'est pas magique, mais ça rassurera votre subconscient.

Par exemple, vous commencez un devoir de physique, et en voyant le début du problème vous vous dites « C'est mort, je n'y comprends rien ». Hopopop ! Halte-là, réagissez tout de suite en vous disant « Je vais prendre le temps de comprendre l'exercice et je vais y arriver » (et faites quelques respirations profondes en vous concentrant sur le souffle, inspiratiooon-expiratiooooon).

Par ailleurs tous les jours vous êtes exposé à des gens qui ont l'air de maîtriser grave, et assènent des « vérités » et des statistiques avec aplomb.

QUELQUES EXEMPLES DE (FAUSSES) VÉRITÉS QUI PEUVENT PLOMBER LE MORAL

– « Il faut faire tel choix d'études utile, sinon tu vas atterrir dans une voie de garage. »

– « Vu ses résultats en français, elle ne remontera pas la pente avant la fin du trimestre, aucune chance d'être prise dans une fac correcte. »

– « La dernière fois qu'un élève de ce lycée a été accepté dans une bonne école de commerce, c'était en 1967. Bon courage pour la suite ! »

– « Il faut rester trois ans minimum dans un job pour que ça fasse bien sur le CV. »

– « Tu as fait un stage de trois mois en marketing ? Ouuuh, alors il est trop tard pour te reconvertir dans la finance ! »

Pareil, faites quelques respirations, un petit grigri en croisant les doigts derrière le dos pour ne pas croire ces paroles. **Et autant que possible, ne prononcez pas vous-même ce genre de mots !** Merci pour les autres.

Quand on se lance dans une aventure ou qu'on a des choix à faire, c'est bien de prendre un maximum de conseils et de se renseigner. Mais une fois qu'on a fait un « choix bien informé », il faut savoir croire en sa force, et s'immuniser contre les sentences négatives.

Comment distinguer la sentence négative du bon conseil ?

– Ne vous laissez pas influencer par des jugements négatifs généraux sur votre caractère et vos capacités, les étiquettes (« Tu es trop paresseuse », « Tu n'as pas les épaules », « Tu n'es pas assez intelligent »).
– Acceptez en revanche les commentaires factuels (« Tu as glandé toute l'année », « Tu as un problème de réussite aux examens alors que tu savais bien tes cours », etc.), qui permettent, voire encouragent, les progrès (se mettre à bosser, travailler sur son stress paralysant...).
– On l'a vu, méfiez-vous des statistiques présentées comme des règles absolues (« La plupart des gens échouent en médecine donc tu n'as aucune chance »).
– Prenez les statistiques comme des points d'attention. Pourquoi la plupart des gens échouent-ils en médecine ? Que font ceux qui réussissent ? Si je tente le coup, quel plan B si j'échoue à l'examen de fin d'année, etc.
– Évidemment, moquez-vous des généralisations gratuites.

Faites-vous confiance

Le bon équilibre pour prendre d'heureuses décisions et préserver son énergie contre le négatif : rechercher les conseils, parler au plus de gens possible, mais pendre du recul pour se construire sa propre idée.

Je garde à l'esprit les paroles du comédien et comique de *stand-up* pakistano-américain Kumail Nanjani dans un discours de remise de diplômes : « Le grand secret que j'ai découvert ces dernières années ? Personne ne sait ce qu'il fait... Tout le monde improvise partout. Il y en a juste qui sont plus habiles à faire croire qu'ils maîtrisent[1]. » Je trouve ces paroles vraies et libératrices.

Le boss d'une entreprise, le prof, le parent, la grande avocate, le juge, le gourou : **personne n'est infaillible**. N'abandonnez jamais votre libre-arbitre ni votre intuition en vous laissant impressionner par un « guide » qui sait tout et qui vous dicte quoi faire, et souvent vous rappelle ce dont vous n'êtes pas capable.

CHAQUE JOUR, TRAVAILLEZ À ÉVITER LES SENTENCES NÉGATIVES :

– guettez si on vous met dans une case ou si on énonce une « grande règle » décourageante – et conjurez ça dans votre tête ;

– ne prononcez pas vous-même ces paroles, ni sur vous ni sur les autres ;

– souvenez-vous que personne n'a la science infuse.

[1] *"Here's the big secret I've learned in the last few years: Nobody knows what they're doing... Everybody's winging it out there. Some people are just better at pretending to be confident."*

C. Exorcisez vos croyances limitantes et pensez « Je le peux »

Passons maintenant à une méthode faite pour désincruster les pensées qui vous bloquent et vous rendent triste.

Posez-vous et faites l'exercice d'observer chez vous les croyances limitantes, les doutes, et leurs effets sur vous. Le but est de pouvoir les déprogrammer en les remplaçant par un **mode de pensée habituel harmonieux**.

Si vous êtes maladroit, et que c'est la blague de la famille (« Et voilàààà, je l'avais vu venir, ahhh qu'elle est maladroite cette Gisèle ! »), je ne pense pas que le sujet soit à traiter en priorité, sauf si vous rêvez de devenir dentiste ou équilibriste.

Par exemple, Ariana se dit : « Je suis une jolie fille bien dans ma peau, mais je n'ai pas de grandes capacités intellectuelles. »

Cela la poursuit car elle s'enferme dans cette croyance, et joue ce personnage. Évidemment, en plus, elle n'a aucune idée de ce qu'elle aimerait faire « plus tard ».
- La plupart de ses profs pensent comme elle, et ne voient même plus ses efforts quand elle en fait, pire certains la traitent ouvertement avec mépris.
- Le subconscient d'Ariana entend les jugements. Il intègre l'idée d'un manque de capacités, donc il obéit à cette suggestion.
- Le subconscient d'Ariana va alors faire en sorte qu'elle se plante. Une fois en DST, elle perd effectivement ses moyens, elle sèche, rien ne vient : le subconscient a été un bon petit soldat, et a suivi le schéma présenté ci-dessus, p. 21 !

CHÈRE ARIANA, POSE-TOI LES QUESTIONS SUIVANTES :

– **Quelle croyance limitante as-tu sur toi-même ?** Qu'est-ce que tu te sens incapable de faire ?

– Qui est d'accord avec ça ? Parents, amis, famille, profs ?

– **Qui t'a cataloguée comme ça en premier ?** As-tu un souvenir particulier ? Demande à tes parents ou à d'autres témoins comment cette image est née. Demande-leur des exemples et des preuves que selon eux cette étiquette est justifiée. Peut-être d'ailleurs qu'ils tomberont des nues et te diront sincèrement qu'ils n'ont jamais pensé telle ou telle chose de toi. Tu feras peut-être une découverte heureuse. Au fil des années, tu auras peut-être tout fait sans t'en rendre compte pour justifier ton étiquette. Le subconscient obéit à la « parole magique ». Mais au début il y a peut-être eu un incident, des mots qui t'ont marquée.

– Est-ce que les gens qui t'ont cataloguée avaient une expertise particulière pour être autorisés à émettre ce genre de jugements ? Prends conscience de ces mécanismes.

– Observe qu'il n'y avait peut-être qu'un **malentendu** au départ, alors que ces circonstances ont beaucoup influé sur ta vie jusqu'à aujourd'hui.

Réfléchis-y un peu. Mets sur le papier tout ce qui te vient à l'esprit sur le sujet, là tout de suite mais aussi plus tard lorsque tu vaqueras à d'autres choses, si ton cerveau continue de mouliner la question. Certaines anecdotes pourront te revenir, car ton subconscient continuera de chercher.

CHASSE AUX CROYANCES INCRUSTÉES

À partir de maintenant, sois à l'affût :

– **Observe bien toutes les fois où tu penses à ton défaut**.

– **Repère** les moments **où tu ressens** que quelqu'un te rappelle cette étiquette, ou agit envers toi clairement comme s'il/elle t'avait mise dans cette catégorie.

– **Maintenant, qu'est-ce que tu aimerais faire ou pouvoir faire, dont tu ne te crois pas capable ?** Cela peut être du court terme, ou un métier, réussir quelque chose d'artistique, de scientifique, ou du domaine sportif. Cela peut aussi être sur un plan affectif ou amical. Évidemment pas un truc **totalement** irréaliste, sinon c'est prendre volontairement l'ascenseur vers l'échec. L'idée n'est pas ici de te transformer en Wonder Woman mais de commencer par te débarrasser d'un boulet psychologique.

– **Écris ce que tu veux être.** Une fois que tu as les idées claires, prends une feuille de papier et essaie de trouver une phrase qui décrit ce que tu aimerais être ou faire.

Ariana, par exemple, tu vas composer ceci : « J'ai de grandes capacités, et je suis digne d'entrer dans une super université pour ensuite décider ce que je veux faire, car je peux tout faire. »

Un autre qu'Ariana choisira peut-être « Je suis intéressant et digne d'être apprécié par les autres, et je vais aller vers eux » ou (s'il est bon musicien...) : « Je peux me lancer dans la composition musicale pour faire fortune avec ma passion, parce que je peux tout faire. »

Bref, ça peut être du court, du moyen, du long terme, ce que vous voulez, et ce qui vous tient à cœur.

JE SUIS COMME ÇA

JE PEUX FAIRE ÇA

Convaincs ton inconscient !

Relis à voix haute la phrase que tu as rédigée, et attribue-toi une note de 1 à 10, selon que tu es : pas du tout convaincu (1) ou complètement convaincu (10).

Garde le papier avec toi. Évite juste de laisser traîner cette feuille si tu ne veux pas que ta petite sœur la trouve et te fasse chanter.

Réécris ces lignes, et répète-les dans ta tête et à haute voix tous les jours, plusieurs fois par jour. Apprivoise cette pensée. Imprègne-t'en, pour qu'elle prenne sa place légitime dans ton cerveau et efface une de tes vieilles croyances limitantes.

Ton esprit conscient va en quelque sorte donner un ordre libérateur à ton subconscient.

Plus tu répéteras ce mantra[1], plus tu désamorceras le pouvoir sur toi de tes baisses de moral et de tes pensées décourageantes. Cette autosuggestion va créer plus de confiance en toi. Elle te donnera peu à peu plus d'énergie, en diminuant tes doutes paralysants.

Au bout de quelques jours ou semaines d'exercice, tu pourras aussi constater qu'en fait, ce que tu croyais être ton but, eh bien ça ne l'est pas, car il y a autre chose qui te tient plus à cœur. Ou alors tu vas affiner ton souhait, et aller plus loin encore dans ton affirmation positive. C'est tout à fait normal.

[1] Un mantra est une courte phrase chantée et répétée dans certaines sagesses et religions. On utilise le mot aussi pour décrire une phrase qu'on se répète pour s'en imprégner et se motiver.

Si, au début, Victor a travaillé sur la phrase « Je suis digne d'être aimé », après avoir déblayé les plus grosses ronces de son existence, il passera éventuellement à autre chose comme « Je suis cool », voire : « Je suis un créateur excentrique déglingo... »

Le processus que je propose n'est pas une recette infaillible de succès, mais il sert à bien déblayer des pensées paralysantes. Il contribue à vous rendre le parcours nettement plus cool.

Dernière étape : partage le résultat de ce travail avec des amis ou proches de confiance – ta meilleure amie, ton prof préféré, ta tante Jacqueline – bref une personne dont tu sais qu'elle n'ira pas direct raconter ça sur Snapchat.

D. Voyez le verre à moitié plein et lâchez prise, pour vous sentir heureux maintenant

Nous venons de voir que les gens avaient tendance à écouter les mauvaises prédictions et à s'en faire à eux-mêmes à longueur de journée – et que la première étape était d'agir pour enrayer ce processus.

Par ailleurs, **l'être humain entretient souvent son sentiment de malheur,** sans s'en rendre compte. Pour illustrer, vous ne dites pas seulement « Je suis sûre que je vais faire tapisserie pendant toute la soirée », mais en plus pendant la fête vous vous laissez abattre par chaque incident :

– trente secondes tout seul pendant la soirée = « Je n'ai pas d'amis » ;

– quelqu'un vous tourne le dos sur la piste de danse = **« Je suis inintéressant »** ;

– votre jupe se coince dans votre collant en sortant des toilettes et on vous en informe deux heures plus tard = « Je suis le guignol de la bande »...

On se plaint, on remarque surtout les problèmes, on souffle, on n'a pas de chance, ça ne marche jamais, c'est toujours pareil, et voilà c'est reparti, etc.

Or une clef essentielle du bien-être est de cultiver une attitude positive, et de voir le verre à moitié plein. Voir ce qui a été accompli, ce qui s'est bien passé, ce qu'on a réussi à faire. Et être reconnaissant pour ces bienfaits.

Il faudrait instaurer ce réflexe dans sa vie de tous les jours. Quand un contretemps ou une tuile arrive, on regarde autour de soi et on saisit l'occasion « offerte par l'univers ».

EXEMPLE : JE RATE MON TRAIN, EH BIEN CELA ME DONNE VINGT MINUTES POUR ME PROMENER DANS LA GARE :

– Y a-t-il un kiosque de presse avec un article qui m'intéressera/m'apportera quelque chose ?

– Vais-je trouver un bidule dans une boutique que justement je cherchais depuis six mois ?

– Puis-je appeler tante Martha à Nice, qui sera tellement heureuse de m'entendre ?

– Serai-je à côté de quelqu'un de sympa, voire un acteur de cinéma, dans le prochain train ? etc.

Vous me direz qu'il y a des situations et des événements impossibles à positiver. Mais pour ne pas parler ici de grands malheurs ; tous les jours, nous subissons contrariétés, retards, mauvaises nouvelles, perte de clefs, mauvaises notes, oubli qui vous oblige à faire deux fois un trajet, etc.

L'écrivain Olivier Masselot explique dans son livre *NeuroQuantis*[1] qu'il faut tout faire pour se mettre dans ce qu'il appelle un mode « progression » – c'est-à-dire qu'il faut apprendre à voir une opportunité dans chaque contretemps ou coup dur.

Finalement, en étant positif on crée un effet boule de neige qui peut même revenir à « devenir chanceux », tellement on a le sentiment que les circonstances nous sourient en général.

Essayez de ne pas vous agacer ni de vous contrarier des petits contretemps ou des galères.

Quand quelque chose de négatif arrive, ça ne sert à rien d'en parler longtemps et de se plaindre (en proférant des grossièretés...), ça ne fera pas avancer les choses mais ça vous enfoncera dans le sentiment que ça va mal.

Au contraire, **faites l'effort de voir le bon côté possible**, l'occasion créée par un problème.

Bref, générez vous-même le sentiment d'être heureux, en lâchant prise.

Après avoir vu ce qu'était une attitude « verre à moitié plein », faisons ensemble une petite incursion sur le terrain du bonheur.

[1] Olivier Masselot, *NeuroQuantis*, Le Courrier du Livre, 2017

Là, vous vous dites que je vais jouer les marabouts-gourous philosophes.

Loin de moi cette idée. Cependant ma conviction (et surtout celle de pas mal de monde qui travaille sur le sujet) est que les ressentis de sérénité, de bonheur, de bien-être sont en très très grande partie physiologiques[1]. La sensation de malheur et l'insatisfaction de sa vie sont le résultat d'une façon de voir les choses (et de prendre soin de soi).

Et la façon de voir les choses...

ça se contrôle si l'on s'en donne les moyens.

Le penseur (très célèbre hors de France) Eckhart Tolle vous dirait que notre « ego » (notre mental) tourne en boucle en permanence. **Nous ressassons des pensées, des stress, des jugements, nous créons de la pensée négative à foison.** Or il est certain que la vie humaine est souvent faite de contrariétés. Ce que nous dit E. Tolle, c'est qu'**il faut aider notre cerveau à se libérer du mental qui ressasse et qui juge**.

LE MENTAL, C'EST ÇA, EN BOUCLE :

– « Il faut absolument que je pense à faire ça et ça et ça, sinon... » ;
– « Aurélia est plus belle que moi, tout le monde veut faire partie de sa cour » ;
– « Pourquoi mes parents n'ont pas d'argent ? », « Ah si mes parents n'avaient pas divorcé... » ;

[1] Physique, qui relève du corporel et pas du psychique-intellectuel.

– « Je plafonnerai toute ma vie à 9/20 en maths » ;

– « Je ne vais jamais réussir à finir ce DST d'histoire » ;

– « Quel abruti ce Lorenzo j'aurais dû lui répondre ça et ça, il aurait moins fait le malin » ;

– « Mais qu'est-ce que je vais bien pouvoir faire comme job, rien ne m'intéresse » ;

– « À quoi bon trimer toute ma vie comme un imbécile », etc.

Prenez conscience de ces innombrables moments où votre mental part tout seul en *live* à ressasser – observez-le, et arrêtez-le. Il faut apprendre peu à peu à « lâcher prise ».

Lâcher prise et accepter l'instant présent

Pour simplement se créer une sensation de bien-être serein.

Attention, ça ne veut pas dire rester couché, fumer des joints ou partir élever des chèvres dans le Larzac ou dans la Zad pour échapper au dépit et à la pression du monde. Ce n'est pas de la résignation. Ce n'est pas du je-m'en-foutisme, cher à pas mal de jeunes (à ce qu'on dit). Parce que le je-m'en-foutisme est au fond un ressentiment caché contre notre vie : « La vie ça pue, le lycée et le système c'est pour les marionnettes, donc je m'en fous et je ne me donnerai aucun mal, je ne ferai aucun effort. » Non, ça c'est une pensée négative et destructrice – à chasser.

Le bonheur comme le malheur ne sont pas dus à une situation de fait. Il faut comprendre que le bien-être et le bonheur ne viennent pas de votre situation matérielle ou amoureuse par exemple : « J'ai/je suis, ci et ça, **donc** je suis heureux. »

Regardez autour de vous : dans toutes les strates de la société, dans toutes les situations de santé, de famille, vous trouverez des gens heureux et des gens malheureux. Il y a des psychologues aux États-Unis qui travaillent sur les névroses et la délinquance des « pauvres petits enfants riches » qu'on a élevés sans leur donner de valeurs morales, sans limites, avec la pression pour « faire Harvard sinon ta vie est ratée », et en leur donnant l'idée que quoi qu'ils fassent, les avocats les sortiront d'affaire. Il y a des milliardaires qui se suicident. Pourquoi ?

Parce que le bonheur est subjectif : c'est du ressenti. Lorsque votre mental tourne à vide autour d'une croyance négative sur vous-même (« Je ne suis bonne à rien »), vous êtes malheureux.

Du coup, en faisant une démarche simple pour être juste en paix dans l'instant présent, vous pourrez expérimenter le ressenti du bonheur.

● Il faut faire le choix de l'action positive !

Lâchez prise en acceptant ce qui est, en acceptant et en vivant le moment présent. Ça ne veut pas dire qu'on ne passe pas à l'action, au contraire. Il faut juste embrasser ce minuscule segment appelé « instant présent ». **Si vous désirez des changements dans votre vie, faites le choix de l'action positive**, et non d'une action née de la colère ou de la frustration.

Une action positive peut consister à mettre en route des changements, à se fixer certains objectifs. Une telle démarche vous remet en contact avec votre énergie vitale.

Par exemple, vous êtes frustré parce que vous devez bosser tous les jours, vous allez au lycée dans un endroit que vous trouvez moche, et vous n'y avez pas vraiment d'amis. Au lieu de déprimer, construisez-vous un « plan *next step* » :

POUR COMMENCER, TIREZ LE MAXIMUM DE CE QUE VOUS OFFRE LE PRÉSENT :

– Qu'est-ce que vous pouvez faire pour utiliser tout ce que le présent vous offre ?

– Y a-t-il quelques profs bons et sympas ? Une matière vous plaît ?

– Un mec de votre classe qui a l'air passablement sympa et pourrait devenir un pote ?

EN MÊME TEMPS, METTEZ DES CHOSES EN PLACE EN PLUS, POUR ALLER AU NEXT STEP ET LANCER UN CHANGEMENT. PAR EXEMPLE, VOUS POURRIEZ :

– approfondir une matière ;

– travailler à fond votre musique le soir ;

– prendre un petit boulot pour gagner un peu d'argent pour un projet ;

– aller taper à la porte d'une entreprise pour voir comment ça marche et vous faire remarquer ;

– pour celles ou ceux qui voudraient évoluer professionnellement mais n'ont pas fait les études, cours du soir/validation des acquis de l'expérience.

Insufflez ainsi de l'action positive dans votre quotidien. La démarche peut aussi être tournée non vers vos propres projets, mais vers votre entourage (association, action politique ?). Au lieu de ruminer dans ce que vous considérez comme votre marécage pour l'éternité, vous allez **switcher vers un mode « projet » qui va vous faire du bien**. Votre mental va trouver à s'occuper, vous construirez, et vous vous concentrerez tranquillement sur un but gratifiant.

● Envisagez de vous engager…

dans un « projet qui vous dépasse » – ça peut booster le moral et couper les pattes au mental négatif autocentré (et faire du bien autour de vous…).

Je conclurai ce chapitre en parlant d'un cours qui cartonne en ce moment à l'université américaine de Yale : « *Psych 157 – Psychology and the good life.* » Le Dr Laurie Santos, professeur de psychologie, a étudié les problèmes mentaux (notamment sur les campus universitaires et chez les jeunes qui travaillent) – dépression, stress, anxiété. En constatant qu'il y avait une vraie recherche des clefs du bien-être chez les étudiants, elle a décidé de donner un cours pratique sur le bonheur en s'attaquant notamment au « *miswanting* », le fait de désirer absolument des choses qui ne nous rendront en fait pas heureux (un gros salaire, une carrière fulgurante, une « *trophy wife* »…). Il y a des TP dans son cours ! Comme dormir huit heures par nuit, se couper des médias sociaux, aider les autres, exprimer sa gratitude, faire de la méditation (bref, autant dire que ça n'est pas le contraire de ce que vous allez voir tout au long de mon livre…).

Ce que répète le Dr Santos, c'est **qu'il ne suffit pas de savoir en théorie ce qui apporterait du bonheur, encore faut-il le mettre en pratique**. Allons-y !

EN RÉSUMÉ

Pour vous mettre en situation de bonheur et de sérénité là, tout de suite :

- voyez le verre à moitié plein, en cherchant systématiquement le bon côté d'une situation (truc en plus qui marche bien : en vous endormant rappelez-vous 3 choses de la journée qui ont été cool, et soyez-en reconnaissants) ;
- soyez dans le présent – sans vous polluer avec le passé et le futur, etc. ;
- créez de l'action positive. En acceptant son présent, on peut commencer à « travailler dessus » en exploitant ce qu'il offre et en pensant à son « plan *next step* ».

2 APPRENEZ À GÉRER VOTRE TEMPS ET VOTRE ENVIRONNEMENT

Étudiants et élèves, vous êtes des « récepteurs » d'informations et de cours. Vous vous laissez guider, vous écoutez des leçons, on vous fixe les dates et les contenus de DST, et, le plus souvent, vous n'avez pas de visibilité sur votre programme de l'année (ni de la semaine...). Ça peut être reposant, « tranquille » mais quand vous avez de mauvaises notes, quand vous ne savez pas ce qu'on attend de vous ni comment travailler, vous risquez de stresser et de souffrir.

Vous avez besoin de clefs pour anticiper et gérer ce qui vous attend : sur l'année, mais aussi semaine après semaine.

A. Donnez-vous une longueur d'avance sur l'année

Les premières semaines de cours dans les grandes classes, en première, terminale, première année d'université en maths, éco, etc., sont souvent pleines de mauvaises surprises. Univers nouveau, codes que vous ne maîtrisez pas, niveau de difficulté qui augmente d'un coup… le premier DST est souvent un carnage intergalactique général. Or, par exemple, les notes du premier trimestre de terminale comptent à mort pour Parcoursup ! Est-ce que ce carnage de début d'année est inévitable ? Je ne le crois pas.

● Anticipez le déroulement de votre année pour étaler les efforts

Quand je dis « anticipez », c'est simplement qu'il faut essayer de voir loin. En général, on peut par exemple **prendre de l'avance sur les lectures obligatoires/recommandées** : par exemple, savoir dès la rentrée quels livres vous devez lire pour le programme, et vous en fixer un ou deux par mois à étaler sur l'année. Ce *check* vous évitera par exemple de réaliser le 10 mai que vous avez quinze livres à lire pour le bac de français…

● Offrez-vous un coup d'avance pour réussir votre premier trimestre

Si vous furetez un peu, vous pourrez récupérer des cours (voire des copies corrigées) de la classe/université/prépa dans laquelle vous allez entrer, idéalement avant le début de l'année scolaire. Si vous êtes timide et que vous connaissez d'autres futurs étudiants de cette université ou prépa, allez-y à plusieurs.

Ça veut dire par exemple qu'en juin de votre classe de première, vous devez vous bouger pour aller voir les terminales, et récupérer des infos, des cours, des corrigés.

Pensez-y, vous serez surpris du confort psychologique et de l'efficacité que ça apporte. Quasiment personne ne le fait. Il y a des petits chanceux qui prennent des cours de soutien en maths juste avant la rentrée pour se remettre dans le bain, mais c'est un gros budget.

Évidemment, vous ne savez pas quel prof vous aurez, ni s'il va suivre le programme dans le même ordre que l'année précédente. Mais renseignez-vous auprès de vos aînés.

Si vous lisez ce livre après la rentrée, il n'est jamais trop tard pour faire la démarche (et en plus vous pouvez bien cibler les élèves qui ont eu vos profs l'année précédente).

Je peux vous dire que si j'avais été prévenue en terminale et en prépa, si quelqu'un m'avait dit « débrouille-toi pour savoir à peu près sur quoi porte le début du programme de maths », mes notes du premier trimestre auraient été bien différentes.

Et bien entendu, si vous êtes faible dans une matière que vous aurez à suivre à la rentrée, bossez-la avant le début des cours – pour ne pas démarrer l'année avec un gros handicap.

● Avant d'entrer dans une prépa, en médecine, etc., enquêtez pour vous acclimater rapidement

Vous allez entamer une année très difficile, harassante et compétitive. Pareil, essayez d'anticiper afin de vous faciliter les débuts et d'éviter de vous noyer.

– Allez trouver des élèves sur le terrain pour vous renseigner et prendre le pouls, comprendre s'il y a des bons trucs (« arrive toujours vingt minutes en avance dans l'amphi »), des coutumes à connaître, des pièges à éviter.

– Commencez à vous renseigner un peu en détail sur la teneur du programme.

– **Attention**, évitez de lire le livre de maths ou de physique tout seul avant la rentrée, et préférez l'option « **je récupère les cours (manuscrits ou imprimés) d'un mec de l'année précédente** », même si vous ne savez pas quel prof vous aurez. En effet, les leçons peuvent être difficiles à aborder sans clés de lecture et sans accompagnement pré-mâché, donc tenter de tout comprendre tout seul dans un manuel peut vite devenir décourageant.

– Quand vous connaissez les noms de vos professeurs et chargés de TD, retournez voir des « anciens » et posez-leur des questions sur les habitudes, les attentes, les sujets préférés de ces enseignants. Ceux qui sont passés par là sont une mine d'information et souvent très heureux d'aider.

Plusieurs semaines avant la rentrée, prenez le temps de vous poser les bonnes questions

- Est-ce le bon moment de passer votre permis de conduire ?
- Comment prendrez-vous vos cours. Ordi ? Notes manuscrites ? Faut-il s'entraîner à la prise de notes rapide ?
- Devez-vous vous inscrire à un cours de sport ? Avez-vous repéré une piscine dans les parages, un parc pour faire du jogging ou marcher ? Autrement dit, qu'avez-vous planifié pour vous faire du bien en dehors de vos cours ?

Bref, réfléchissez en avance à ce qui « mettrait de l'huile » dans votre vie pratique pendant l'année qui vient.

Pendant l'année scolaire, demandez le programme

Au cours de l'année, si vous faites une démarche pour savoir ce qui vous attend sur la semaine qui vient, et pour bosser sur les cours ou les corrigés correspondants, votre cerveau pré-travaille et anticipe.

Par exemple tout bêtement, demandez à votre prof ce qu'il va aborder comme prochain thème, pour pouvoir jeter un œil la veille ou la semaine d'avant à votre livre (ou à un cours que vous avez récupéré de l'année précédente).

– Effet immédiat : ça vous permettra de participer plus en cours, et de comprendre plus tout de suite.

– Effet + : ça abaissera nettement le stress.

– Effet bonus : le prof vous regardera avec plus de bienveillance, au passage !

Attention, je renvoie à mes conseils du chapitre VI sur la bonne façon de travailler sur corrigés !

EN RÉSUMÉ

– Anticipez le programme et soyez acteur de votre année étudiante.
– Allez chercher l'info chez les élèves, auprès du prof, sur Internet – vous y glanerez toujours un conseil, un avertissement utile, un truc de méthode, une chose à savoir AB-SO-LU-MENT sur votre prof...
– Pendant l'année, comptez ce temps « détective privé » dans votre emploi du temps, c'est du travail !

B. Faites-vous un emploi du temps sur mesure

Il y a des manières simples et indolores d'organiser votre planning et vos tâches, afin de reprendre le contrôle sur votre vie de tous les jours, en ayant une meilleure visibilité de votre journée et de la semaine. En vous construisant un **emploi du temps bien fait, par écrit**, vous allez vous créer le cadre rassurant et souple, antistress, dont vous avez absolument besoin au lycée et à l'université. Je vous en propose un modèle super un peu plus bas.

VOUS FAIRE UN EMPLOI DU TEMPS, ÇA SERT À :

– programmer votre travail à la maison, pour vous donner une « routine » et un cadre rassurant ;

– définir le temps à consacrer à chaque matière ;

– vous ménager des moments de sport et de détente indispensables à votre santé de corps et d'esprit (et ce sans mauvaise conscience, même dans les phases les plus intenses de vos études) !

Votre ennemi, votre source de stress tord-boyaux, c'est la pensée qui revient : « Il va falloir que je fasse ci et ça alors que je n'ai même pas commencé tel truc. » C'est le sentiment qu'on ne va jamais y arriver et que la semaine devrait faire dix jours.

Avoir un emploi du temps ou même une *to do list*[1], ça vous déstresse. Parce qu'en écrivant les choses à faire, vous

[1] Liste de choses à faire.

les enfermez symboliquement sur un papier. Et comme vous ne pouvez plus les oublier, votre inconscient est rassuré. Résultat : ça vous libère l'esprit. **Attention** néanmoins à ne pas passer des heures à vous faire un emploi du temps ou une *to do list* monstrueusement détaillés, ce serait complètement contre-productif.

L'emploi du temps est le cousin de la « *to do list* ». Dans le monde professionnel, on fait des *to do lists*. Il y a carrément des gens qui ont publié des *best-sellers* sur le sujet (j'applique moi-même pas mal de recommandations de David Allen sur les *to do lists*). Avec un job très prenant, une vie de famille à gérer, beaucoup de gens ne peuvent pas s'en sortir sans *to do list* (sauf en nageant dans le stress vingt-quatre heures sur vingt-quatre).

EN PRATIQUE

Pour un ado/lycéen/étudiant qui a besoin de faire une *to do list* :

- limitez-la à un horizon d'une semaine maximum ;
- mêlez les points liés au travail et les choses à faire personnelles ;
- rayez rageusement les actions « cochées » – c'est très agréable et ça donne la sensation d'avancer ;
- quand vous avez rayé et gribouillé les trois quarts d'une feuille, recommencez une *to do list* propre.

En plus d'être stressé, vous bossez souvent « facialement ». Bosser facialement, c'est se mettre à son bureau (ou sur son lit) pour travailler, et ne pas être efficace, penser à autre chose, se relever vingt fois pour manger quelque chose, regarder ses

SMS ou Instagram ou Snapchat, lire une page, regarder en l'air, bref **perdre son temps en pensant travailler.**

Au contraire, votre temps est précieux – respectez-le :

- veillez à **insuffler du rythme à ce que vous faites**. Ça motive pour garder un esprit alerte et vous évite le découragement, car vous avez un but assez rapproché dans le temps et une petite pression pour y arriver ;
- il est bon de **se fixer plusieurs petits buts à portée de main, plutôt qu'un gros objectif lointain** pas très encourageant ;
- définissez les heures que vous allez passer à travailler dans la semaine ;
- gardez des espaces de détente (si possible en allant marcher, en faisant du sport, en vous aérant plutôt qu'en surfant sur votre téléphone) ;
- quand vous travaillez, restez concentré. Surtout quand vous apprenez. Pas de musique, pas de vidéo en même temps, pas d'interférences qui empêchent votre cerveau de fonctionner et de mémoriser. Il paraît cependant que travailler dans un lieu avec un **léger** brouhaha, comme un café, peut aider à l'efficacité et booster la créativité ;
- je déconseille de caser du travail à la pause de midi, sauf si elle est longue, car il vous faut des soupapes de « lâcher prise ». En plus on sait tous que le travail de midi, c'est souvent le travail à l'arrache pour **cet après-midi**... ;
- après le déjeuner : allez faire un tour de pâté de maisons, allez dans un parc, ou marchez dans la cour du lycée si vous y êtes coincé : non seulement vous vous aérerez l'esprit et remettrez un peu le compteur à zéro, mais vous aiderez votre estomac à digérer, et il vous en sera reconnaissant car il pourra se

consacrer à d'autres tâches utiles comme vous maintenir d'une humeur positive, et construire du muscle[1].

● Pendant les temps de pause, déconnectez

Surtout pendant les moments de repos, évitez de manière délibérée, le plus possible, de penser au DST du lendemain ou à des problèmes angoissants.

Prenez soin de vous :

Vous pouvez vous vider l'esprit dans une sorte de méditation en écoutant votre respiration, et/ou en étant attentif au monde qui vous entoure (**surtout en traversant la route**) ;

Ça serait bien de ne pas passer toute la promenade sur Instagram ou à textoter[2], une petite déconnexion fait beaucoup de bien ;

Se promener tout seul ? Oui, pourquoi pas, ou en tout cas en silence si vous y arrivez. Il paraîtrait que c'est mieux si vous ne discutez pas avec un ami en vous promenant et que vous n'écoutez pas de musique : la musique est un flux entrant sur lequel vous êtes branché – mais c'est vrai que c'est dur de couper aussi ça. À vous de voir.

● Le matin ou pas le matin ?

Apprenez à vous connaître vous-même en faisant des tests, pour savoir à quel moment de la journée ou du week-end vous êtes le plus motivé et efficace pour bosser. Il y a des gens qui,

---

[1] Médecine indienne ayurvédique millénaire.
[2] Je sais, personne ne dit « textoter » mais j'aime bien.

comme moi, sont beaucoup plus frais, de bonne humeur et créatifs tôt le matin que le soir.

Pourquoi ne pas tenter une ou deux fois de vous lever un peu en avance pour réviser ou faire progresser un devoir ? En plus, l'esprit capte et retient plus d'informations.

Évidemment, à ne pas faire si vous vous êtes couché à 2 heures du matin.

● S'avancer, ou pas ?

Vous avez tous des camarades de classe qui arrivent en disant « Je me suis avancé(e), j'ai fait le boulot de la semaine ». Envie de meurtre, alors que vous, vous n'arrivez **jamais** à vous avancer. C'est aussi vrai dans la vie professionnelle : donnez-moi trois mois pour remplir un questionnaire, et je le remplirai la veille de la date limite.

S'avancer pour s'avancer, je ne vois pas l'intérêt, en revanche **pour rester serein évitez de faire les choses au dernier moment**, c'est un réflexe salvateur.

J'ai déjà connu moult cas d'oubli de livres et autres accidents bêtes, la veille de DST hyper importants que je comptais réviser au dernier moment, ou d'un rendu de devoir…

Quand vous apprenez un cours ou devez rendre un devoir, c'est beaucoup moins douloureux de le faire en plusieurs étapes (lecture, fiches, relecture).

En fait, les clefs et conseils que je vous donne pour appréhender sereinement votre vie pendant les études viennent se concrétiser dans l'outil fabuleux qu'est l'emploi du temps.

● Construire son emploi du temps, mode d'emploi

– Pour passer un week-end serein, faites idéalement votre emploi du temps le vendredi soir ;
– cet emploi du temps doit couvrir la semaine qui arrive, **en comptant le week-end** ;
– commencez par traiter vos priorités de la semaine qui arrive (DST de maths, khôlle[1] d'histoire sur tel programme, etc.) et allouez les heures disponibles intelligemment ;
– à chacun, après, de doser les temps de concentration par sujet. Vu que vous avez des cours toute la journée, je pense que trente ou quarante-cinq minutes par sujet en semaine de « *homework* », c'est bien. Un peu plus le week-end ou en vacances sur des dissertations. C'est une idée, voyez ce qui vous va, à vous ;
– arrangez-vous pour ne pas complètement sacrifier l'important à l'urgent. Ça veut dire que vous devriez insérer dans votre semaine quelques heures d'un travail à plus long terme (lecture, révision de points du trimestre précédent ou retravail d'un corrigé de DST que vous avez raté, ou culture générale par exemple). **Attention**, si la lecture de livres fait partie de vos exercices scolaires imposés, décomptez-la comme « heure de travail » dans votre emploi du temps. Si on parle d'une grosse BD, merci de la classer dans « loisirs et glande ». Ne trichez pas ;
– essayez autant que possible de vous mettre des plages de liberté le dimanche, en tout cas le dimanche après-midi. En effet, si comme 93 % des êtres humains y compris mon fils en CM1, vous êtes tenté de planifier « Vendredi soir libre, samedi

[1] Petit oral d'entraînement aux oraux de concours.

libre, dimanche aprèm je bosse vers 19 heures », vous allez y penser souvent, et broyer du noir d'avance tout le week-end[1]. Garanti.

Je vous ai mis un exemple illustré d'emploi du temps au chapitre 10, p. 196.

Ne croyez pas que mettre un programme sur papier soit une perte de temps : c'est une merveilleuse recette contre le stress, car ça vous rend la semaine qui arrive humaine et « faisable ».

Il y a un grand bénéfice à donner un cadre routinier à votre cerveau. En gros, voilà comment s'organise votre journée avec un emploi du temps :

– hop, vous regardez votre agenda, pas besoin de réfléchir, *go* ! vous n'avez qu'une heure (ou moins) sur les maths, donc vous tracez la route ;

– vous utilisez votre esprit pour bosser, **concentré à fond** ;

– et puis hop ! il est déjà l'heure de passer à autre chose (mettez un réveil si vous craignez de rester hypnotisé par les maths) ;

– si vous vous êtes en quelque sorte « avancé » en bossant le vendredi soir, quelques heures le samedi après-midi, et aussi un peu le dimanche matin (je parle pour ceux qui sont déjà dans des classes où la masse de travail est importante), vous allez y gagner une tranquillité d'esprit exceptionnelle.

En quelques jours ou semaines, grâce à ce système, vous prendrez goût à l'organisation.

[1] Enfin « planifié » c'est un grand mot, disons que vous remettez le boulot à plus tard tout le week-end.

3 OPTIMISEZ VOS TECHNIQUES D'APPRENTISSAGE

Apprendre des cours et des formules, comprendre une matière et l'approfondir, étudier pendant des années dans certaines disciplines que parfois on n'aime pas… Ce parcours obligé peut se faire dans la bonne humeur, en « musclant » ses talents, en aérant son cerveau, et grâce à des méthodes d'apprentissage « sans douleur ».

A. Les techniques de mémorisation, *do's and don'ts*

Pendant toute votre vie étudiante, vous devez mémoriser. L'apprentissage pur, l'ingurgitation de cours, la mémorisation de formules… C'est pénible. Il faut faire en sorte de rendre l'exercice un peu indolore. Voici quelques techniques utiles.

Relisez vos leçons

Je conseille absolument de **relire attentivement vos notes et leçons le soir même du cours**, pour les apprendre facilement et durablement. Quand la prise de notes est fraîche, votre cerveau fait immédiatement le lien entre vos abréviations, raccourcis et style télégraphique, et ce qu'a raconté le prof. Attendez une semaine et vous ne saurez plus vraiment ce que vous lisez...

Évidemment, en relisant/apprenant un cours, coupez toute autre source d'interférence avec votre cerveau – pas de musique, pas de SMS, pas de vidéo en même temps.

C'est garanti « sans vraiment d'effort », et ça imprime merveilleusement les cours dans le cerveau.

Faites-vous des fiches

La fiche, c'est extrêmement utile, et c'est le B-A – BA dans les études. Faites des fiches avec les grandes formules en maths-physique, avec les dates et concepts importants en histoire-géo, etc.

– Ne faites pas des fiches trop rédigées, il faut garder seulement l'essentiel.

– La plupart des gens ont une mémoire mécanique : en écrivant les choses vous les retenez beaucoup mieux.

– C'est vital de « ficher » un manuel que vous devez apprendre, parce que contrairement aux notes de cours, vous découvrez le sujet en lisant.

– Ensuite évidemment, la fiche vous permet de revoir l'essentiel d'un coup d'œil.

– Je précise que **quand vous lisez simplement un manuel ou vos cours avec un Stabilo, vous ne mémorisez pas suffisamment**. Il faut faire une fiche ou au moins annoter dans la marge (sauf si vous comptez revendre le livre après).

– **Relisez vos fiches ou cours la veille au soir du DST ou de l'examen, sereinement, avant de vous coucher.** Votre cerveau va dormir dessus pendant que vous, vous dormez tout court.

Cette méthode est utilisée en entreprise par celles et ceux qui ont une grosse présentation à faire le lendemain, et qu'ils doivent s'exprimer sans trop lire leurs notes.

Attention, je déconseille totalement de relire des cours ou des fiches quelques minutes avant un examen, dans le stress, car vous risquez de tout mélanger. En plus, la probabilité pour que le sujet tombe **pile** sur ce que vous venez de réviser est très, très faible.

Pourquoi pas une méthode de « mémorisation sans douleur » ?

C'est par exemple fort utile en première année de médecine... Il existe des méthodes top pour arriver à se farcir le cerveau d'apprentissages « par cœur », efficacement. Sébastien Martinez, champion de France de la mémoire et formateur d'étudiants, a écrit un manuel formidable pour partager ses techniques : *Une mémoire infaillible*[1]. Si on prend le temps (avant la rentrée donc...) de lire le livre et de mettre en place son propre cadre de mémorisation, les résultats sont fous...

[1] Sébastien Martinez, *Une mémoire infaillible*, Le Livre de Poche, 2018.

B. Développez vos talents en vous immergeant dans un domaine

On a rarement vu des gens produire des créations qui nous ont marqués ou fonder des entreprises, sans fournir un travail soutenu, voire titanesque. Dans son livre *L'Art de la niaque*, la psychologue Angela Duckworth donne beaucoup d'exemples de réussites dans les études, dans les domaines scientifique et sportif. Elle évoque des gens qui ont fait de belles choses alors que c'était loin d'être gagné, et montre que, **sur le long terme, la pugnacité et le travail comptent plus que le talent et le « génie »**.

La règle des 10 000 heures de boulot

Le peintre Salvador Dalí, Rihanna et Mark Zuckerberg chez Facebook ne sont pas des extraterrestres, ils ont énormément travaillé pour arriver à des réussites uniques, et travaillent encore (sauf Dalí...). Mais du coup, comment et en combien de temps on devient un énorme expert ? Le psychologue américain Malcolm Gladwell propose la règle symbolique des 10 000 heures de travail cumulées **pour développer vos talents/capacités/passions au point de devenir « une star » dans un domaine**.

Gladwell a tiré cela d'une étude[1] qui se penche sur les jeunes années de gens comme Bill Gates le fondateur d'IBM, les Beatles, ou de grands sportifs. Personnellement je trouve

[1] Étude du Dr K. Anders Ericsson.

l'idée très intéressante. La maîtrise d'une discipline requiert la pratique, l'observation, le perfectionnement, et encore plus de pratique. C'est encourageant : **nous pouvons donc tous nous construire un domaine d'excellence**, en y mettant du nôtre. Les 10 000 heures de travail sont un symbole et pas une règle absolue heureusement...

J'aime bien par exemple l'étude sur les équipes nationales de hockeyeurs sur glace canadiens évoquée par Gladwell. Il montre que les meilleurs joueurs, les plus costauds, sont pour une écrasante majorité nés en début d'année (janvier à mars). La théorie est simple et assez intuitive. La sélection pour le hockey de haut niveau commence à 8 ans, or dans une classe vous avez des enfants qui ont quasiment un an de différence entre eux (ceux nés en début et en fin d'année). Ça se traduit forcément par des différences de maturité, de développement musculaire, de taille. Donc les plus costauds et matures sont les plus sélectionnés, ils jouent et s'entraînent plus, et leur avantage de départ ne fait que grandir et se renforcer !

Le but n'est pas de déprimer mes lectrices et lecteurs nés en fin d'année[1], mais de montrer que **le travail, l'entraînement et la pratique « sur le tas » sont majeurs quand on veut réussir quelque chose**.

Bien entendu, l'environnement familial, géographique, le fait d'avoir un parent coach, féru d'un sport ou champion lui-même, sont souvent déterminants. Les champions de ski viennent plus de Savoie, les champions de voile... moins. Et c'est pareil dans

[1] Serena Williams et Kylian Mbappé sont nés respectivement un 26 septembre et un 20 décembre. Ouf !

tous les domaines. Si toute votre famille est dans le cinéma, vous baignez dedans, vos relations seront dans le cinéma, et vous en ferez plus probablement votre métier. Si vos parents sont chefs d'entreprise, artisans ou ingénieurs en logiciels et qu'ils aiment leur métier, ils vous transmettront sûrement les outils et l'envie de continuer. Sauf s'ils vous en dégoûtent totalement, mais c'est une autre histoire.

Pour moi, tout cela montre que la pratique quotidienne d'une discipline, l'immersion active dans un environnement qui vous attire, sont des clefs pour devenir talentueux.

Ayez le réflexe de regarder combien ceux qui réussissent dans un domaine ont bossé et bossent encore. Voyez comme, la plupart du temps, ils sont passionnés – et inspirez-vous de ces exemples.

Je vais vous aider à identifier un ou des domaines qui vous plaisent, et à vous créer les conditions et les opportunités pour réussir, **en devenant de vrais acteurs et actrices du reste de votre vie.**

C. Apprendre et travailler, ça muscle votre cerveau

Notre société met trop en avant le talent inné, la super-intelligence, le QI. Dans les environnements où l'on vénère les gens « brillants » et « surdoués », on bloque tout le monde. La peur de l'échec vous paralyse, et certains chercheurs ont montré que vous en ressentez les effets tous les jours pendant vos études. On décourage ceux qui pensent (en général sans raison) que leur QI n'est pas à la hauteur. On paralyse même ceux à qui l'on dit qu'ils sont très intelligents, car alors ils ont peur de se planter et de décevoir.

L'une des analyses les plus intéressantes vient du professeur américain Carol Dweck. Elle a suivi des enfants et des étudiants sur de longues périodes, et elle en a conclu que **la clef du succès dans les études et dans la vie, c'est le processus d'apprentissage.** C'est en apprenant qu'on développe ses capacités intellectuelles (vous voyez le cercle vertueux).

Du coup, Carol Dweck déconseille les compliments « statiques » aux enfants et ados (« tu **es** intelligent, tu **es** bourrée de talent, etc. »). Car ce que vous retenez, les jeunes, quand on vous dit « tu es brillant », c'est : « c'est inné, tu n'as rien à faire pour y arriver ». **Soyez vigilant quand vous entendez ces commentaires.**

Ce qui compte, et ce qui rend les étudiants performants et créatifs, c'est d'avoir un état d'esprit dynamique et « croissant », et non pas une mentalité statique.

On constate donc que les étudiants qui obtiennent les meilleures notes sont ceux qui pensent que le plus important c'est **d'apprendre** la chimie, et pas de montrer qu'ils sont bons en chimie – ni « d'avoir 20/20 alors que je n'ai pas révisé une minute ! ». Oui, on a tous eu le même relou dans sa classe...

Autre résultat intéressant : à l'université de Hong Kong, les étudiants à l'état d'esprit « croissant » et qui avaient de mauvaises notes en anglais étaient beaucoup plus enclins à prendre un cours de soutien ou à demander de l'aide – et ils devenaient bien meilleurs ! Ceux qui avaient une mentalité « statique » (donc qui pensaient que l'intelligence était innée) ne le faisaient pas – orgueil ? Fatalisme et acceptation de leurs limites ?

Parents et profs ont une part très importante dans la mise en place des environnements « statiques » : ils vous cataloguent parfois sur des critères **d'intelligence perçue**. Vous devez donc opérer vous-même un travail de filtrage de ce qu'on vous dit...

EN PRATIQUE

Changez votre mentalité dans le travail

- Si votre entourage dit de vous que **vous êtes** « intelligent/paresseux/moyen/pas éveillé, etc. », ne vous laissez pas décourager par des gens qui peuvent être dans l'erreur. **Vous n'êtes pas dans une « case », vous êtes des chantiers en cours, des *work in progress*.**
- **Motivez-vous en monitorant vos progrès et vos victoires tous les jours.** Quand vous sentirez que votre cerveau se développe en fonction de vos activités, ça vous motivera magiquement.
- **Écoutez le bruit du neurone qui fait de la muscu !** Lorsque vous « planchez » sur des problèmes et que vous apprenez un cours, vous tissez littéralement des connexions neuronales dans votre cerveau. Le principe : en vous entraînant à un exercice, vous « musclez » certaines zones du cerveau, et quand vous peinez un certain temps sur une dissert' ou un exposé c'est extrêmement bénéfique. Rien que savoir ça, booste votre motivation.

Parce que l'intelligence pure, si elle n'est pas utilisée, travaillée, mise à l'épreuve, donne beaucoup moins de résultats que le travail.

D. Utilisez votre subconscient et organisez votre travail

« Mettez en route » votre cerveau en persévérant sur un exercice

Votre subconscient[1] est votre ami. Si vous le lancez sur un sujet, il travaille pendant que vous faites autre chose. En effet, des neuroscientifiques ont montré que le cerveau qui se repose n'est pas inactif, mais se tourne en quelque sorte vers lui-même, et les zones cérébrales liées à la créativité « s'allument ».

Exemple : il y a un TD de maths demain, vous avez des exercices à faire chez vous avant. Au bout de dix-huit secondes, vous abandonnez en vous disant que demain la prof donnera le corrigé (et que **normalement** vous avez peu de chances de vous retrouver au tableau). 79 % de mes lecteurs et lectrices se sont reconnus. Eh bien, mauvais calcul. En faisant un effort, en « planchant » sur le problème, même si vous ne trouvez pas la solution, vous aurez exercé votre cerveau. **Votre subconscient continuera à mouliner le problème pendant que vous dormirez ou penserez à tout autre chose.**

Lorsque le lendemain on vous donnera le corrigé, vous écouterez et **comprendrez activement,** vous poserez des questions, et vous serez dans une dynamique positive. Votre cerveau sera peut-être lui-même déjà arrivé à la solution entre-temps, et il sera avide de connaître le résultat, de voir si « vous aviez bon ».

[1] Inconscient, subconscient : ce sont les pensées, croyances et moteurs d'action dont on ne se rend pas compte, dont on n'a pas conscience.

Tout cela, au lieu de subir le TD en vous dépêchant de tout noter sans comprendre, pour relire plus tard (hum...).

J'ai fait ça en maths presque toute ma scolarité (l'option « dix-huit secondes et je lâche l'affaire »). Je témoigne que c'est totalement contre-productif, idiot, et en plus source de stress et de mauvaise image de soi-même.

Décomposez l'effort créatif en étapes

Dans le même esprit, je propose une technique qui permet de se mettre plus volontiers au travail, en scindant les efforts et en faisant bosser le cerveau (le subconscient). C'est spécialement bienvenu pour la rédaction et la création – pour des travaux un peu longs qui nécessitent de l'inspiration et de la construction de plan. **Bref, pour quand vous devez pondre un devoir ou un essai.**

Vous redoutez l'angoisse de la page blanche, le stress de devoir démarrer de zéro (une rédaction, pour les plus vieux, une présentation PowerPoint ou une note, ou encore une création artistique, un chapitre de livre) ?

Vous allez commencer par un **effort pas énorme**. Sans vous en demander trop d'un coup, sans être trop exigeant, dites-vous « allez, je commence à réfléchir ».

– Commencez par penser au plan, jetez vos idées sur le papier en vrac.

– Même si vous n'arrivez pas à quelque chose de structuré ou de clair, essayez de trouver par exemple une bonne idée conductrice.

– Arrêtez-vous pour la journée (ou faites une pause !)[1].

[1] Évidemment, ça ne marche pas si vous vous y mettez la veille de la date de rendu...

Ernest Hemingway donnait ce conseil pour l'écriture de roman : « *When you're going good, stop writing.* » La meilleure façon de faire, c'est toujours de vous arrêter quand ça se passe bien et que vous avez déjà l'intuition de la suite. **Attention**, je ne dis pas que dès que vous avez une bonne idée il faut lâcher le stylo ! En revanche, arrangez-vous pour terminer une séance de travail sur une note positive, après avoir produit quelque chose. Si vous faites cela tous les jours, vous ne serez jamais en panne. Non seulement vous déstresserez votre lendemain, car vous aurez de la matière déjà prête à travailler, **mais en plus votre cerveau aura continué de travailler à votre insu, surtout la nuit.**

Vous n'imaginez pas le confort mental qu'il y a à commencer un plan de dissertation, par exemple le soir à 19 heures, à travailler dessus disons une demi-heure, et à arrêter quand vous voyez que vous bloquez. Vous vous coucherez en sachant que **vous n'avez plus l'Everest à gravir.** Vous allez reprendre les travaux, **avec un plan existant** à revoir et remanier, même si vous trouvez le résultat provisoire nul. D'ailleurs ça vaut aussi pour un exercice de maths ou de physique.

EN PRATIQUE

Si je n'arrive vraiment pas à me mettre à travailler :

- lisez d'abord le sujet ou l'exercice avec concentration ;
- mettez de l'ordre dans vos affaires, triez éventuellement votre bureau pendant cinq ou dix minutes. Cette activité routinière est une entrée en matière facile, mais vous commencez déjà la phase « travail » ;
- votre subconscient peut vagabonder efficacement et commencer à défricher votre sujet ;
- vous allez voir qu'ensuite il est beaucoup plus simple de s'y mettre.

Programmez des temps de repos et de loisirs – c'est O-BLI-GA-TOIRE

Non seulement votre inconscient travaille pendant que vous pensez à autre chose, mais vous allez voir qu'il faut même **vous imposer des temps de repos quotidiens**, pour que votre cerveau fonctionne bien. C'est l'essayiste américain Alex Soojung-Kim Pang qui le dit dans un merveilleux livre non encore traduit en français à l'heure où j'écris, *Rest: Why you get more done when your work less*[1].

Alex Soojung-Kim Pang reconnaît que de longues heures de travail permettent une productivité[2] plus forte, et de meilleure qualité. Mais en s'appuyant sur moult études scientifiques et parcours de gens célèbres, il démontre que **vous avez besoin de vrais temps de repos dans une journée pour être efficace dans votre travail**.

VOTRE SUBCONSCIENT BOSSE PENDANT :

– une marche ;
– une conversation ;
– du sport, un hobby ;
– de la méditation ;
– une exposition de photos ;
– une activité machinale type... euh équeuter des haricots ? tricoter ?

[1] Alex Soojung-Kim Pang, *Rest: Why you get more done when your work less*, Basic Books, 2016.
[2] Productivité = le résultat fourni par une heure de travail, pour simplifier.

Ces temps de pause active permettent à l'esprit de vagabonder comme dans une rêverie, et au cerveau d'interconnecter ses différentes zones sans qu'on en soit conscient.

La créativité, l'inventivité, les bonnes idées, ce qu'on appelle le « *creative thinking* » – c'est le cœur du réacteur, cette faculté que vous libérez quand vous laissez votre cerveau un peu tranquille au cours de la journée.

Je précise encore ici que l'inspiration artistique, mais aussi l'inspiration qui vous fait trouver une solution à un exercice de physique ou un super-plan en philo ne viennent pas si on ne travaille pas. Elles arrivent quand on a consciemment trimé sur une question suffisamment longtemps, et que le subconscient prend la relève.

Attention, vous sentez bien qu'il y a repos et repos… Regarder la télé, être sur les réseaux sociaux ou jouer à des jeux vidéo ne font malheureusement pas partie des repos qui revigorent l'esprit et déclenchent la créativité.

D'ailleurs, je vous conseille fortement la lecture amusante du livre de Catherine Price, *Lâche ton téléphone !*[1] L'objectif n'est pas de jeter son smartphone aux orties, mais de ne pas en être esclave, et de pouvoir vivre plus dans l'instant présent.

[1] Catherine Price, *Lâche ton téléphone !*, Babelio, 2018.

EN PRATIQUE

Vous optimisez votre potentiel de création et de réussite quand :

- vous commencez par travailler (concentré) sur un projet, sans interruption ;
- vous enchaînez avec une activité de « loisir actif » qui permet au cerveau de s'aérer mais aussi de bosser dans son coin sur votre projet ;
- vous retournez au boulot rafraîchi et plein d'idées.

Pour cela, il faut simplement faire l'effort de passer un petit peu de temps à organiser vos moments de repos, en complémentarité avec le travail. Je vous renvoie au chapitre II ci-dessus, pour vous créer un emploi du temps rythmé et sain.

Respectez bien votre agenda – vous aurez « mérité » vos pauses et loisirs.

E. Guérissez votre allergie à une matière

Quand certains cours commencent et que vous réalisez que vous en avez pour une heure et demie, ça vous fait mal. Leçons arides, impression qu'on vous gave comme une oie de « par cœur », pas de mise en perspective avec la vraie vie... Pourtant, même les profs qui ne vous captivent pas aiment leur matière, ils la maîtrisent bien, on sent qu'**ils la trouvent ludique**. Ils avaient dû avoir de bons profs étant jeunes...

Les élèves doivent commencer par étudier les matières de manière superficielle, pour en acquérir les bases. Mais quand même, en vous enseignant ces bases, il faut vous donner aussi des **perspectives inspirantes** et vous expliquer un peu à quoi ça sert.

Demandez systématiquement à vos profs de vous parler des applications pratiques de ce qu'ils enseignent

Posez des questions et provoquez le dialogue, tout peut évoluer. Il fut un temps où on se farcissait des années de solfège avant de toucher un piano, ça vous a dégoûté plus d'un jeune musicien. Maintenant l'enseignement de la musique a changé.

Prenez-vous par la main pour « repêcher » une matière pénible

Vous détestez une matière ? Vous mettre en mode *shut down*[1] n'est pas la bonne solution, d'autant que vous avez besoin d'être dans les bonnes grâces du prof **pour vos notes**.

Donc **pendant le cours**, occupez-vous à comprendre le prof, et à vous faire apprécier de lui/elle, en étant courtois et attentif. Rappelez-vous qu'on peut trouver une matière mortelle, et y avoir quand même de bonnes notes – si on ne se saborde pas soi-même.

Concentrons-nous sur **l'après-cours** : si une matière est importante pour vous mais que vous la détestez, essayez de vous

[1] Fermeture complète.

y intéresser encore plus, en « extra ». Je sais que c'est un peu contre-intuitif... Commencez par vous dire qu'il y a **forcément** quelque chose de passionnant quelque part dans cette matière. De nos jours, c'est un réflexe chez beaucoup d'entre vous d'aller vérifier les infos et rechercher des photos (ou des dissertations déjà faites...) sur le Web. Vous ne comprenez pas une explication ? Un concept est obscur ? Faites donc la démarche d'approfondir les sujets. Sur Internet : vous trouverez sûrement des éclaircissements et des illustrations.

Prenons quelques exemples en commençant par l'économie. Ce n'est pas forcément la matière la plus simple à aborder. Pourtant, avec le recul il est fabuleux (et vital pour la société) d'essayer de comprendre les mécanismes économiques, de voir comment le système marche, ce qu'on peut faire pour influer sur l'emploi, les monnaies, la compétitivité, pour aider les jeunes à se former. Certains de mes amis qui ont eu des profs d'éco géniaux sont maintenant économistes.

Même analyse avec la géographie. À mon époque *(voix chevrotante)* quand le prof de géo nous faisait apprendre par cœur que le permafrost dégelait dans la toundra soviétique (ça n'était pas hier...), et qu'il y avait là-bas des forêts de « persistants », oui c'est vrai j'avais envie de me pendre. Parce que je ne voyais rien de vivant derrière ces mots. Mais à l'époque on n'avait pas Internet, YouTube, pas d'accès comme vous à des vidéos, des documentaires, pour aller voir de quoi on nous parlait **en vrai**.

Toutes ces illustrations et bouffées d'air frais servent au passage aussi à vous faire mémoriser ce que vous lisez/entendez. **Parce que cela prend vie dans vos têtes et que vous**

associez apprentissage d'une info, et plaisir de la découverte. La géo, c'est la porte d'entrée vers des métiers passionnants, explorateur, géologue, scientifique activiste défenseur des océans...

Côté prof comme côté élève, la clef est de sortir un peu du programme, de voir ce qu'on peut faire avec ce qu'on apprend. Aujourd'hui les élèves les plus brillants s'informent de tout, et utilisent les ressources illimitées d'Internet pour développer leurs capacités et leurs connaissances tous azimuts – cette évolution stupéfie d'ailleurs certains profs quand ils comparent les excellents élèves d'aujourd'hui avec les étudiants d'il y a trente ans[1].

Voilà, c'était un petit tour d'horizon de la belle face cachée de certaines matières scolaires et universitaires. On peut faire le même exercice avec absolument toutes les disciplines.

[1] Pour bien visualiser : imaginez qu'on vous donne un exposé à faire sur... « le Watergate et Nixon aux USA en 1974 », mais vous avez zéro accès à Internet. Vous êtes mal, hein ?

4 MAÎTRISEZ VOS PRESTATIONS À L'ORAL

Des oraux, des exposés, des présentations, des entretiens, vous allez en vivre beaucoup. Ces moments sont en général une grosse source de stress et de trac, mais ça se travaille assez facilement. Je vais vous donner des conseils pratiques pour arriver bien préparé, donner une bonne première impression, et captiver votre auditoire sans faire trop de faux pas.

A. Quelques bons *tips* pour les examens oraux

Commencez par soigner l'impression que vous ferez sur votre examinateur. Ça ne fait pas tout, mais ça vous évitera les points en moins.

LE BON *SETUP* POUR UN ORAL, C'EST UN STYLE VESTIMENTAIRE NEUTRE :

– pas d'expérimentation vestimentaire trop marquée, donc, ni bijoux clinquants ou habits avec un logo de marque trop ostentatoire ;

– ni jupe ultracourte, ni slim méga moulant avec *boxer-shorts* qui se voient ;

– ni maquillage comme pour aller en boîte.

De manière générale, privilégiez la discrétion et la sobriété. Après tout, ce qui intéresse votre auditoire, c'est ce que vous allez dire.

AYEZ L'AIR *IN CONTROL* DÈS L'ARRIVÉE DANS LA SALLE :

– n'arrivez pas totalement essoufflé et en faisant dégringoler toutes vos affaires de la table, ça fait bordélique et ça augmente votre niveau de stress ;

– ensuite, on sourit, on est poli, on n'est ni trop à l'aise, ni trop coincé. Pas de blagues/vannes ;

– restez vous-même, mais ayez l'air quand même un peu impressionné : un peu « dans vos petits souliers ».

– et si vous pouviez éteindre votre portable avant d'entrer dans la salle...

L'examinateur doit se dire que vous le respectez et que vous comprenez l'enjeu de cet oral, et sentir un peu le pouvoir qu'il/elle a sur vous. Déjà rien qu'avec ça, vous attirerez sa bienveillance.

Pendant un examen oral, créez un échange positif

- **Gardez-vous des opinions trop tranchées et des polémiques**. Vous risquez que le prof note cette opinion et pas le reste. Si vous émettez une opinion, dites « certains pensent que… » et veillez à présenter la position inverse aussi.
- **Attention** aux terrains glissants dans les oraux de philosophie, d'histoire et même de français. **Restez neutre, opposez les courants de pensée les uns aux autres pour favoriser le débat d'idées**, mais ne prenez pas le risque de descendre un philosophe en flammes par exemple. C'est peut-être l'idole de votre examinateur.
- Pendant l'oral, soyez attentif à l'attitude de votre examinateur. Il se peut qu'il/elle vous donne une indication d'agacement ou de désapprobation (tic de l'œil, froncement de sourcils…). Ne vous laissez pas déstabiliser. Prenez quelques secondes pour essayer de comprendre ce qui ne va pas, et passez à un autre point, ou modulez ce que vous veniez de dire.
- Dans certaines grandes écoles et universités, il y a un « pool » peu nombreux d'examinateurs par matière. **Pourquoi ne pas essayer de vous renseigner sur leurs sujets de prédilection ?** Par exemple dans une célèbre école de commerce, on savait que l'un des examinateurs de philo était

un grand connaisseur d'Emmanuel Kant. Donc quand vous passiez à l'oral, soit vous évitiez soigneusement le sujet Kant, soit vous y alliez parce que vous maîtrisiez à fond.

Apprenez à faire du *storytelling*[1] pendant vos examens

Ayez toujours le réflexe d'agrémenter votre oral par des exemples vivants qui accrochent. Même des éléments d'actualité (à part de téléréalité, sauf si c'est vraiment le sujet) sont les bienvenus. L'examinateur est votre public, et un être humain. Quoi de plus satisfaisant que de le sortir de sa torpeur ?

Lors de vos examens oraux, vous devez donc absolument illustrer votre propos. Ça vaut aussi pour les écrits dans les matières littéraires, géo et histoire. Même en droit, il faut illustrer par un article de loi, de la jurisprudence, etc.

En plus, le fait de rechercher des exemples pour nourrir votre propos, vous aide à construire un raisonnement – car c'est dur de raisonner dans l'abstraction totale.

Inutile de rappeler que pour se constituer une réserve d'illustrations à ressortir en examen, il est bon de lire des livres et de s'intéresser au monde qui vous entoure, de lire un peu la presse, voire de regarder la presse étrangère sur Internet.

[1] De *to tell a story*, « raconter une histoire ».

L'art de faire des exposés et présentations réussis

Il est très probable que toute votre vie, vous aurez à faire des présentations et exposés. Soit vous pondrez un truc très scolaire, douloureux à écouter (et à délivrer), soit vous en ferez de formidables outils pour communiquer, intéresser et convaincre.

Le but de votre exposé, c'est **que les gens qui vous écoutent soient directement branchés sur votre message, et oublient que vous êtes en train de faire une présentation**. Un peu comme un acteur qui doit faire oublier qu'il joue. **La clef ? Construisez d'abord un exposé qui vous intéresse, vous.** Un exposé, une présentation, ça doit être sympa à faire comme à écouter – donc c'est très gratifiant d'y passer un peu de temps.

– N'oubliez pas de donner des informations nouvelles à votre auditoire, des anecdotes surprenantes, des histoires, peut-être des idées ou opinions qui feront débat…

– Prenez votre sujet et réfléchissez à un message, à un angle. Quand vous vous documentez sur le sujet, il vous vient sûrement un questionnement, un constat, un avis « a priori » qu'il peut être bon de remettre en cause.

– **Passez du temps à construire une démonstration**, ou au moins à faire en sorte que les différentes parties de votre prise de parole s'enchaînent logiquement. Sinon personne ne comprendra où vous allez.

Votre prestation sur scène

Savoir s'exprimer et être à l'aise à l'oral n'est pas enseigné en France, et nous sommes très inégaux face à cet art pourtant extrêmement utile. Il y a pourtant quelques trucs simples quand on est sur scène.

- Ne lisez pas vos *slides*. Tournez-vous vers le public, engagez-les un par un du regard, sans balayer sans arrêt tout le public mais en appliquant la règle « une idée, une personne ».
- Occupez l'espace, en bougeant (si vous avez la place) un peu, en vous arrêtant quand vous parlez, en contrôlant vos bras.
- Maîtrisez votre diction : entraînez-vous (filmez-vous, enregistrez-vous) pour vérifier que vous ne dites pas « euuuuh » ni « aloooors » ou « beeen » toutes les quinze secondes. Ma technique pour éviter les eeuuuuh quand je fais une présentation : le petit silence pendant que je cherche un mot ou un concept. Ça passe super bien.

Grâce à ces conseils, vous et votre public passerez un bien meilleur moment. Mon fils a fait son premier exposé (sur les robots, en CE1), et j'ai passé une partie du week-end à lui montrer qu'on pouvait se décarcasser, trouver des « le saviez-vous ? » surprenants, de belles photos, et même apprendre des choses sympas à la maîtresse. Je lui ai aussi indiqué comment se placer sur l'estrade et ânonner le moins possible son texte. Gros succès en classe, et mon fils a retenu quelques principes très importants qu'il appliquera toute sa vie.

Si vous êtes timide, angoissé, complexé, si vous redoutez particulièrement l'oral, mes recommandations ne suffiront probablement pas à vous faire surmonter vos appréhensions. Je vous recommande alors chaudement les conseils pratiques de la coach et comédienne Valérie Guerlain dans son livre, *Petit manuel à l'usage de ceux pour qui l'oral est un cauchemar*[1]. Si je devais reprendre ici un seul de ses conseils : commencez par sourire aux gens.

B. Travaillez dès maintenant votre présence et votre charisme « professionnels »

Pour réussir un entretien d'entrée en école de commerce ou de stage/premier emploi, pour monter son budget BDE[2], son association étudiante, ou une équipe de foot, et plus tard vendre un projet de start-up à des investisseurs, vous aurez besoin de convaincre, d'avoir l'air solide et raisonnablement sûr de vous.

Bien sûr, ça suppose qu'on soit à l'aise à l'oral, mais ça va plus loin : il s'agit de votre image « professionnelle ». Dégager du charisme et montrer de la confiance en soi dans un contexte « semi-professionnel », ça se travaille – avec quelques bons réflexes.

Déjà, avant d'envoyer votre CV[3], pensez à vérifier votre profil sur les réseaux sociaux. Si votre vie, vos opinions et peut-être des *selfies* acrobatiques de votre popotin sont étalés sur Internet, je vous conseille un gros nettoyage, des anonymisations, du profil

---

[1] Valérie Guerlain, *Petit manuel à l'usage de ceux pour qui l'oral est un cauchemar*, Le Livre de Poche, 2019.

[2] Bureau des élèves, l'association d'étudiants qui anime un campus universitaire ou une école supérieure.

[3] Le *curriculum vitae*, la liste de vos études et expériences professionnelles, que vous envoyez pour solliciter un stage – Voyez mes conseils pour le CV au chapitre 10.

« privé/public », car dans la plupart des entreprises, le « sans filtre » choquera. Potentiellement, on renoncera à vous recruter.

Avant d'aller à un entretien, mais aussi pendant un stage ou en début de carrière, posez-vous la question des fringues. Il faut que vous essayiez de vous habiller comme on l'attend de vous pour un poste – stage, premier emploi, alternance… Évidemment les gens que vous rencontrerez savent que vous n'avez pas de budget « tailleur bien coupé/costume classe ». Mais dans les entreprises (sauf dans les secteurs foufous artistes), il faut un peu montrer qu'on a fait un effort, avec un costume ou au moins une chemise et pas de baskets.

EN PRATIQUE

Les *do's and don'ts* de l'entretien

– Pour commencer, arrivez bien préparé. Je vous ai mis au chapitre 10 p. 205 une liste de questions et de conseils qui vous permettront de faire un travail dit de « Q&A »[1] qui fera son effet sur vos examinateurs ou employeurs potentiels.

– Ne vous étalez pas trop sur ce que vous **aimez faire**, insistez plus sur ce que vous **savez faire** et sur vos qualités utiles pour le job ou le projet.

– *Body language* : tenez-vous droit, et non affalé sur votre siège ou la table (signal « je m'en fous »), ni bras croisés (signal « je suis sur la défensive »). Les mains plutôt sur la table, sans vous les tordre nerveusement. Souriez, soyez polis et naturels avec un fond de respect. En gros c'est comme pour un oral d'examen.

[1] *Questions & answers.*

De manière générale, dans le cadre d'un stage ou d'une alternance ou simplement en tant que « junior », sachez observer et sentir quand vous racontez trop votre vie, ou que vous donnez beaucoup votre opinion personnelle. Veillez à garder une certaine distance avec vos collègues plus seniors. Tant mieux si vous avez de bons rapports, mais n'oubliez pas qu'il s'agit avant tout d'une relation professionnelle.

Vous gagnerez toujours à rester simple, mesuré, et poli, ce qui ne vous empêche pas d'être drôle et plein d'enthousiasme, bien au contraire !

II

– S'IMPLIQUER –

5 RENDEZ L'EFFORT AGRÉABLE ET CULTIVEZ VOS LOISIRS

« À quoi ça sert ? » Tellement de jeunes se sentent « réfractaires au système scolaire ». Ça peut s'expliquer par une absence de « but dans la vie » immédiat ou même à moyen terme. Vous vous demandez bien à quoi servent tous ces efforts. Voici à peu près votre feuille de route : « Le but de quinze ans d'école ? Avoir des bonnes notes jusqu'au bac, pour les dossiers de terminale. » Il vous manque un objectif attrayant qui donne envie de faire un effort, au quotidien. Or l'apprentissage peut être ludique si on trouve des moyens d'insuffler de l'intérêt, de se récompenser soi-même, et de garder du temps pour un hobby.

A. Motivez-vous en associant des émotions positives à l'effort

N'oubliez pas de vous récompenser systématiquement et... parlez-en à vos parents !

Comme le disent (à vos parents) le psychiatre David Gourion et de nombreux scientifiques et psychothérapeutes, **il faut associer le plaisir à l'apprentissage et à l'effort**. C'est comme ça que le cerveau « imprime ».

Ce qu'il faut pour vous faire produire un effort, c'est activer votre « circuit de récompense » (la dopamine dans le cerveau). On aura beau faire, s'il n'y a pas de plaisir (et par « plaisir » on entend les thèmes basiques, nourriture, réussite sociale, bien-être financier, curiosité/intellect stimulés, amour...), vous serez beaucoup moins motivé par les études.

Sachez-le

Les émotions positives, les encouragements lorsque vous obtenez une petite victoire améliorent vos résultats scolaires. De plus, il faut aussi éviter le plus possible les mécanismes de punition en cas d'échec.

C'est très net dans les conseils de psychologues aux parents de très jeunes enfants mais ça marche à tous les âges. Les psys proposent de donner aux enfants en période « je m'oppose » des gommettes autocollantes dès qu'ils ne font pas de gros caprices dans une journée, et au bout d'une semaine un petit cadeau. « Ne leur retirez jamais de gommette par punition, ne remarquez que les victoires/efforts[1] ».

Évidemment je ne conseille pas les gommettes, mais le concept est transposable. C'est ce que font les psychothérapeutes pour élaborer des stratégies de coopération avec des jeunes en difficulté de vie.

EN PRATIQUE

Mettez en place un système quotidien de motivation-récompense (si nécessaire en impliquant vos parents) :

- Prenez votre bâton de pèlerin et expliquez le concept de « motivation-récompense » à vos parents.
- Réfléchissez : **quel projet un peu costaud devriez-vous accomplir ?** (Finir par claquer le 10/20 en maths, apprendre le skate board, réviser efficacement pendant 2 semaines pour des partiels, maîtriser un morceau de musique, maigrir, se faire des pecs de fou ?).
- Découpez le gros projet en étapes (commencer par un 8/20 en maths ou finir seul un exercice, réussir à travailler 2 heures de suite sans sms, franchissement d'un niveau de difficulté, etc.). Vous allez pouvoir constater vos progrès au fil de l'eau : c'est très encourageant et ça vous rend optimiste.
- **Chaque petit progrès va devenir un but à taille humaine**, et vous donner envie de continuer vers « la borne kilométrique » suivante.

[1] Gisèle George, *Mon enfant s'oppose, que dire, que faire*, Éditions Odile Jacob, 2002.

Pour cela, il faut formaliser le projet et les étapes. Sur un papier :

– Inscrivez votre but et ajoutez « **Je vais réussir** tel challenge/tel projet ».
– Décrivez les étapes/niveaux pour y arriver. **En plus, programmez-vous à l'avance des récompenses à chaque franchissement d'étape.** Votre esprit va alors associer le projet à des choses agréables, et plus seulement à l'effort brut. **Attention**, pas une récompense qui démolisse direct l'effort fourni – pas la nuit en boîte à vous retourner la tête !
– Mettez un ou plusieurs proches au courant du challenge. Car bien sûr chaque petite victoire, chaque petite avancée doit être remarquée et célébrée autour de vous.
– En plus de célébrer, l'entourage peut **participer à la récompense**. S'il s'agit d'un défi qui intéresse vos parents (au hasard… remonter vos notes), ils doivent comprendre que l'on « n'attrape pas les mouches avec du vinaigre » comme dirait ma grand-mère.
– Et évidemment, mettez en pratique mes méthodes d'organisation de votre emploi du temps, et incluez-y de belles zones de loisirs. Le temps de détente est en lui-même une récompense.

Vous avez compris qu'il faut récompenser vos efforts au quotidien. Pensez également à toutes les occasions d'apprendre en s'amusant.

Trouvons des sources immédiates de satisfaction et d'intérêt dans votre vie d'étudiant

- Vous apprenez l'orthographe quand vous lisez des livres. Radical.
- Vous devenez super bons dans une langue étrangère en lisant des romans fun ou des magazines.
- Quand vous visitez un musée, lisez le journal, regardez un documentaire, discutez avec des gens qui ont une autre culture/nationalité/opinion que vous ou votre entourage, voire quand vous avez la chance de faire connaissance avec un pays étranger. Vous apprenez alors des choses qui sont parfois directement utiles pour vos études. Et dans tous les cas vous cultivez votre esprit.
- Quand vous êtes nul en sport et que vous devez faire trente minutes d'endurance autour du stade[1]. Si vous ne pensez qu'à ça, c'est abominable et chaque seconde passe très lentement. En revanche si vous venez en aide à un camarade encore plus essoufflé que vous et qui veut abandonner, vous arrêterez de vous lamenter sur vous-même. La demi-heure passera très rapidement. Dans mon exemple de l'endurance entre aussi en jeu un concept sur lequel nous reviendrons en toute fin d'ouvrage et qui devrait absolument être mis en avant dans l'éducation : l'altruisme[2], l'entraide.

---

[1] Et qu'il n'y a pas de buisson à proximité pour se planquer pour quelques tours…
[2] Comportement de l'homme ou de l'animal qui consiste à se préoccuper de manière désintéressée du bien-être des autres.

B. L'anglais et autres langues étrangères... des « + » fabuleux qu'on acquiert sans douleur

Un petit zoom spécial sur les langues étrangères, et sur l'anglais en particulier. C'est follement important, parce que c'est la clef de la tour de Babel – ça vous ouvre le monde entier. Comment faire de leur apprentissage un plaisir ?

Avaler des pages de vocabulaire, c'est aride. Regarder des séries en anglais sous-titré anglais, lire des livres policiers ou des romans à l'eau de rose en espagnol, c'est nettement mieux. Vous n'imaginez pas le niveau que ça donne – sans se donner de mal.

Quand on lit un livre dans une autre langue, on ne se dit plus « je fais de l'italien/de l'anglais », mais « je lis un bouquin top ». Bon déjà vous lisez **en anglais**, du coup vous pouvez lire les trucs que les intellos considèrent sans intérêt (voire honteux) mais qui sont géniaux. En plus vos voisins dans le bus en France ne comprendront pas trop le titre du livre[1].

En anglais, j'ai lu il y a peu de temps avec délices tous les *Twilight*, les autres bouquins de S. Meyer, je dévore des policiers, des magazines de *gossip* (« ragots »)...

[1] Attention aux langues latines, si vous cultivez une image de badass ne lisez pas « *L'amore e la sensitivitad en mi cuore* » en public, c'est grillé. Je sais, je confonds l'espagnol et l'italien...

EN RÉSUMÉ

– Ayez le réflexe « je lis/regarde des trucs pas intellos dans une langue étrangère ». C'est du *feel good* immédiat.
– Si vous tombez sur un mot de vocabulaire inconnu, soit vous comprenez avec le contexte, soit au bout de deux ou trois fois, vous saisissez votre smartphone et vous regardez sur Internet. Hop, un mot en plus dans votre vocabulaire.

C'est magique. Et je vous garantis que vos notes vont exploser.

● L'anglais et les autres langues

Elles sont des vaisseaux pour élargir votre horizon de vie au-delà de la France.

Les langues vous permettent d'accéder à des articles, des livres, des films, des *stand-ups* excellents, des *news* internet, pour comprendre des paroles de chansons (voire en écrire), avoir des amis étrangers (et étudier ou bosser là-bas). L'anglais, en particulier, permet d'étendre son empreinte et sa capacité à communiquer avec le monde. Il donne accès à des sources d'information démultipliées, des histoires drôles, intéressantes, importantes. Faites juste le test en recherchant une vidéo sur YouTube. Tapez « castor qui construit sa maison », puis « *beaver building its home* ». Comparez le nombre de résultats.

Grâce à une langue étrangère, votre « rayon d'action » s'agrandit

Il est fabuleux d'avoir l'opportunité d'échanger avec des étrangers, ou de vivre un temps ou très longtemps hors du pays. C'est littéralement comme si votre cerveau s'ouvrait sur un pan d'univers dont vous ignoriez l'existence. On en sort changé et enrichi.

C'est possible grâce à la maîtrise d'une langue étrangère. Vous pouvez développer proactivement le contact avec des étudiants de cultures et de nationalités différentes, et chercher à faire des séjours à l'étranger.

– Recherchez systématiquement le contact des étudiants étrangers. En plus, ça les sortira peut-être d'un isolement relatif et ça, c'est sympa pour eux.

– Posez-leur des questions sur leur culture, comparez certains traits entre les pays, les séries Netflix en vogue chez eux...

– **Bonus** – en interrogeant des amis et collègues turcs, hongrois, brésiliens, chinois, allemands sur les grands écrivains de leurs pays, j'ai pu lire des livres fabuleux (traduits en français, quand même...), qui ne seraient jamais arrivés sur mon radar autrement.

L'anglais est un « portail » professionnel

Il vous ouvre des portes vers des quantités d'opportunités. Et entre deux stagiaires ou étudiants avec quasi zéro expérience professionnelle, il n'y a pas grande différence, à part la personnalité. En ce qui me concerne, si j'ai le choix entre un stagiaire qui parle bien anglais (ce qui est plutôt rare en France) et un autre qui lutte, je prends direct l'anglophone. Si vous voulez trouver un petit job d'été ou même un stage à l'étranger, évidemment le fait d'être *fluent* ou au moins *proficient*[1] fera une énorme différence. Encore une fois, cela s'applique à toutes les langues étrangères.

En plus au début vous ne savez pas trop quelle voie choisir, alors **voyez du pays**. Vous trouverez probablement des métiers qui vous plaisent, au cours de vos expériences étrangères.

C. Intégrez loisirs, hobbies et passions dans votre emploi du temps

« Si vous ne le faites pas d'abord pour vous, faites-le pour votre cerveau »

On n'a pas forcément tous une passion, un domaine extrascolaire qui nous transporte. Ado, j'étais jalouse de mes ami(e)s qui se plongeaient avec délices dans des activités comme la musique, le théâtre, certains sports, la danse. Pour moi, ceux qui avaient cette chance trouvaient manifestement un peu plus de sens et d'intérêt à leur vie. Je sais que **quand on est en plein dans ses études, on se dit qu'on n'a pas le temps pour deux heures de sport, de guitare ou de théâtre le week-end. Grosse erreur.**

Un hobby, ça se commence un peu sans s'en rendre compte, parce que vous avez une amie qui vous emmène au yoga, parce

[1] *Fluent* = courant. *Proficient* = compétent.

que vous essayez le jogging, le djembé, vous allez à un concert, vous regardez un film... Il faut juste être curieux et ouvert, et accepter d'aller découvrir des choses qui peuvent ne pas vous tenter terriblement au début. Juste pour voir.

Vous verrez qu'on met le doigt dans un engrenage positif, et qu'en recherchant un amusement, on peut tomber dans une passion. Un hobby à côté des études ou du travail va déjà vous procurer des temps de repos de l'esprit. En plus, il vous permettra de développer des aptitudes, des expériences et des rencontres enrichissantes. Il se produira une expansion de votre univers – et donc de vos options de vie.

Les passions influent sur le cours de vos existences

Vos partenaires de tennis, les gens de vos cours de guitare ou votre équipe de *cosplay*[1] viennent d'autres horizons et ont des points de vue différents. Vous passerez du temps avec eux. Vous monterez des événements, et votre capacité d'organisation (on dit « logistique ») vous servira par ailleurs. Vous êtes passionné par un sport, vous monterez peut-être un jour avec des compassionné(e)s une entreprise en lien avec un aspect de ce sport.

[1] *Costume Play* : hobby qui consiste à se déguiser le plus parfaitement possible en un personnage de fiction.

EN RÉSUMÉ

- Prenez le temps d'insuffler de l'ouverture et de la passion dans votre vie de tous les jours.
- Prenez le temps de vous ménager quelques loisirs qui nourrissent votre esprit et votre créativité.
- Idéalement, il faudrait consacrer impérativement deux heures par semaine à voir une expo, à se baigner dans quelque chose de créatif et de contemplatif, dans le beau, tout seul, comme le suggère la coach Julia Cameron dans son super-livre *Libérez votre créativité*[1].

[1] Julia Cameron, *Libérez votre créativité*, J'ai lu, 2007.

6 APPRENEZ À SURFER SUR LE SYSTÈME SCOLAIRE ET UNIVERSITAIRE

Nous avons abordé ensemble des méthodes de travail et de gestion du temps qui vous faciliteront la vie. Je vous propose de prendre encore un peu de recul, pour vous faire une idée du système, de son organisation et de l'attitude qu'on attend de vous. Fort de cette analyse, vous pourrez aborder la vie étudiante et les profs d'une manière sereine et « surfer » sur le système au lieu de le subir.

A. « Balançons les jeunes à la mer »

Dans ce livre, nous voyons qu'il existe des méthodes très efficaces d'organisation du travail. Or, combien d'entre nous passent nos années d'études en ignorant totalement l'existence de ces outils ? Malheureusement, on pense encore trop que pour révéler les talents, il faut mettre les jeunes à l'épreuve dès la rentrée, sans leur donner de repères. Le message en gros :

« Y a intérêt à en mettre un grand coup pour redresser la barre, et ça ne va pas être une partie de plaisir ! »

Nombreux seront ceux qui, désespérés par le 3/20 du départ, vont sombrer dans le stress, et ne remonteront pas la pente.

Or dans un environnement difficile, on s'en sort grâce à de l'organisation, de la méthode, et en regardant vers l'horizon. Même Albert Einstein.

Voici une illustration comparative de cette règle. Après le lycée, dans les universités et prépas, les élèves sont fréquemment livrés à eux-mêmes en dehors des cours magistraux des professeurs. Du coup, les élèves de certaines grandes prépas publiques s'organisent entre eux pour se passer de génération en génération les méthodes de travail, et coacher les plus jeunes. Plus pragmatiques, les profs des grandes prépas privées (et très chères...) « mâchent le travail » aux élèves. Ils leur inculquent les trucs et astuces nécessaires pour réussir, leur expliquent comment fonctionnent les examens et vont même jusqu'à leur préciser ce qui doit être retenu dans leurs propres cours !

Conclusion : dans les filières les plus sélectives, on voit que la méthode et la structuration du temps occupent une place centrale dans la réussite. Je suis passée par là, j'ai vu autour de moi des gens y arriver ou pas, croyez-moi quand je dis que c'est le jour et la nuit.

Lycée, prépas, universités, stages : si on est sympa et bienveillant avec les jeunes quand on les forme, ça ne les rend pas mous et inaptes à la vie professionnelle. Au contraire, il faut les aider à comprendre et à surfer dans le système et ses attentes, pour leur apprendre à définir leurs ambitions, être lucides sur leurs potentiels et savoir prendre soin d'eux.

● Attention, un mot pour convaincre les badass et autres rebelles

Ce que je vais proposer implique d'« utiliser le système », donc de ne pas rejeter en bloc les études. Si vous partez en vrille, le « système » s'en fout complètement mais vous, vous serez perdant. Les rebelles parmi vous risquent de protester, mais je ne propose pas une démarche d'acceptation bête et passive. Au contraire, je parle du chemin du moindre effort vers le succès, afin de voguer intelligemment sur les grands sables mouvants de l'étudiant : stress, perte de moyens à l'examen, difficulté de concentration, prof pas génial et/ou qui vous a catalogué, etc.

J'espère qu'avec cette petite mise au point, j'ai convaincu au moins quatre lecteurs rebelles de lire la suite. Et puis être badass-destructeur-bloqué à votre âge, alors que vous êtes à une étape cruciale de construction de vie, c'est vraiment dommage. **Si vous gardiez ça (et les joints) pour vos 40 ans, ça embellirait assurément le reste de votre vie.**

B. Produisez ce qu'on attend de vous

● Pendant vos études

Au lycée et pendant vos études post-bac, il y a un « plan de raisonnement » imposé pour vos productions : les profs vous demandent de savoir faire un devoir en suivant des étapes de raisonnement différentes selon les matières.

En maths on pose le sujet, on fait son équation, etc. On suit un chemin qui est souvent le même.

En physique comme c'est un peu plus expérimental, j'ai l'impression que chaque prof veut que les réponses aux exercices soient construites comme ci ou comme ça, et parfois, bonne chance pour comprendre comment on a été noté !

En français, « à la Sciences Po », c'est thèse-synthèse[1], et si c'est en philo c'est thèse-antithèse-synthèse.

Dans les DST de droit civil, la règle est « je pose le problème, je cite des articles du code en faisant des hypothèses, je qualifie les faits », etc.

Il faut donc absolument que vous sachiez clairement quelle est la méthode de raisonnement demandée par chaque prof, dans chaque matière, et ça peut varier selon qu'on est à l'oral ou à l'écrit. C'est assez rassurant d'avoir un cadre « de composition » imposé, et ça vous aide à trouver des choses à raconter.

Conséquence : il faut absolument vous procurer des corrigés complets structurés de DST, dans toutes les matières. Un **bon corrigé** évidemment. Un corrigé de prof (voire de **votre** prof) si possible. Car rappelez-vous qu'une bonne copie d'élève, ça

[1] Façon de construire les raisonnements pour répondre à une question de l'énoncé. Chapitre 1 : « *a priori* oui » (thèse), chapitre 2 : « mais en fait non » (antithèse), chapitre 3 : « et en réfléchissant profondément ça serait plutôt une autre voie/un mix des deux » (synthèse).

peut aussi être un instant magique et poétique qui a séduit le prof par sa fraîcheur sans être hyper bien structuré.

Il ne vous faut pas un, mais **plusieurs corrigés structurés**, qui montrent de manière évidente le plan, la démarche, le raisonnement qu'on attend de vous. Il faut que vous puissiez **déceler une structure simple habituelle**, grâce à la revue de plusieurs devoirs. Parfois un bon corrigé bourrin et simple, ça aide plus qu'une merveille baroque qui mérite un 19/20 (et ça vous déprime moins).

Le **corrigé doit être complet**, parce que le prof de philo amoureux de la Grèce antique qui part dans des considérations passionnantes sur Antigone et Phèdre au lieu de vraiment vous filer un corrigé de votre devoir, c'est sympa mais ça ne vous dira jamais comment structurer votre dissertation de philo.

Le correcteur de philo, par exemple, attend un exercice assez normé, avec un plan simple, des idées simples, et de bonnes illustrations.

Si on comprend ça, que l'on travaille sur des exemples de compositions, et qu'en plus on se donne un peu de mal pour se cultiver et essayer de réfléchir, on a tous les outils en main.

Et ça, j'aurais bien aimé que mon prof de philo me le dise quand j'étais en terminale. Contrairement à une idée que j'ai souvent rencontrée (même chez les professeurs) dans mon parcours étudiant, on ne risque pas d'étouffer les plus doués en les rendant « scolaires » grâce à un travail sur un plan, un corrigé sur la manière dont s'organise un raisonnement. Si on ne maîtrise pas les bases pour structurer un plan de philo, on a peu de chances de devenir le « Paul Ricœur de la première moitié du XXIe siècle ».

Attention, des corrigés oui, carrément ! Mais ne choisissez pas la facilité en plongeant directement dans un corrigé sans travailler par vous-même avant. Il faut toujours faire l'exercice (en sciences), ou bâtir un plan et des éléments de réflexion sur un sujet (en philo, histoire, français *and co*) – avant de regarder la « solution ». L'inverse serait une erreur et, pour le coup, du bachotage[1] stérile.

Pour profiter d'un corrigé, votre cerveau doit avoir planché par lui-même sur le sujet, avant

Je vous renvoie à ce que j'écris plus haut. Quand vous lancez votre cerveau sur un problème pour le résoudre avant de regarder le corrigé, vous faites déjà les trois quarts du chemin.

Souvent, le travail sur corrigé tout seul dans son coin ne suffit pas. Quand on corrige un devoir en classe, ou quand on fait un devoir et qu'on regarde le corrigé dans des annales, au fond on n'a pas compris pourquoi ce qu'on avait fait, nous, était faux ou incomplet. Ce qui clochait dans notre raisonnement.

N'hésitez jamais, au lycée, après bac, en stage, à demander des conseils de méthode, des corrigés, à vous faire expliquer pourquoi vous n'avez pas récolté le maximum de points sur tel ou tel exercice, et ce que vous auriez dû mieux faire.

[1] Bachot : vieille façon de désigner le bac. Bachoter, c'est travailler intensément par exemple en apprenant par cœur la veille de l'examen (souvent parce qu'on a terriblement glandé le reste de l'année).

Tant que vous n'aurez pas fait cet effort, vous répéterez les mêmes erreurs. En maths, j'ai toujours été nulle en probabilités. Quand j'écoutais le prof donner les corrigés, je me disais que oui, effectivement la solution faisait sens – sauf que je n'ai jamais compris pourquoi mes propres raisonnements en probas étaient défectueux. Les quelques fois où j'ai pris la peine d'aller au fond des choses et de demander à une prof de m'expliquer ce qui clochait dans mon raisonnement, j'ai fait des progrès.

En plus les profs sont forcément contents que vous veniez demander de l'aide, ça vous fait des points bonus « image ». Mais allez-y en mode « j'aimerais progresser », pas « ouin ouin vous m'avez oublié des points ». Vous pouvez aussi aller voir un camarade expert dans la matière où vous avez des difficultés.

C. Profilez vos profs

Je vais maintenant vous donner des *tips* de navigation dans le système et parfois de jeu de rôles, pour que ça se passe bien pendant vos études.

Un exemple – la fille classée « mignonne je-m'en-foutiste »

J'ai un peu coaché la fille ado d'une amie, qui me disait « j'en ai assez, les profs croient que je n'écoute rien, et que je suis une je-m'en-foutiste. Ils me disent souvent "Dana, répétez-moi ce que je viens de dire !!!" et je leur répète mot pour mot ! mais j'ai cette image-là avec eux et ils me sacquent ». Il arrive qu'un prof, comme tout être humain, soit influencé par l'image qu'il a d'un élève, en positif ou en négatif d'ailleurs. Et je pense que ça peut parfois créer un écart de plusieurs points par copie.

On peut « profiler » un prof ou un interlocuteur auprès de qui on doit faire bonne impression, et qui va vous noter. On peut apprendre à 15 ou 20 ans à gérer son image, et à éviter les grosses erreurs de « com[1] » vis-à-vis des profs (sans devenir un robot ni se faire jeter des cacahuètes par ses camarades de classe, *of course*).

Vous pouvez vous donner les moyens de comprendre ce que le prof attend de vous, en termes d'attitude ou de travail. Et le lui donner. Certains peuvent appeler ça du fayotage ou de l'hypocrisie, mais c'est ce qu'on apprend après deux ans de classe préparatoire aux grandes écoles, et/ou de longues années dans la vie professionnelle. Autant s'y mettre tout de suite.

Le prof a plein de qualités et de défauts, lui aussi a des *a priori*, des manies, des passions, des réflexes… Comprendre cela, c'est déjà faire la moitié du chemin.

EN PRATIQUE

Commencez par être attentif à votre prof

– Qui est-il ? Quelles attitudes le rendent bienveillant/hostile ?
– Apprenez à observer les préférences et dadas du prof dans sa matière. Ça peut aider à deviner ce qui va tomber en DST, donc ce qu'il faut réviser plus sérieusement quand on est dans sa classe, etc. Et si vous remarquez que le prof a passé deux trimestres sur une partie minuscule du programme de

[1] Communication.

terminale, ça permettra aussi de vous sauver les fesses en réalisant à temps qu'il faut réviser tout seul le reste...
- Qu'attend-il de vous ? Par exemple, il veut qu'on lui restitue mot pour mot ce qu'il a dit en cours ou le contenu du livre. Eh bien il faut viser cela. Ou alors c'est un prof de français un peu « libre dans sa tête », et il aimera un élève qui essaie de lancer des idées dans le débat.

● Pour comprendre le prof et trouver des « clefs » avec elle/lui, il faut faire un peu de *profiling*[1]

Dans le cas de Dana, on voyait vite que le prof voulait de l'attention et de la concentration « sans partage » pendant le cours. J'ai donc conseillé à Dana de faire comme moi au bureau pendant une présentation orale d'un boss/collègue. Si on veut être sympa, encourageant, ou simplement fayoter avec le présentateur, il faut le regarder dans les yeux et souvent hocher la tête en signe d'intérêt et de compréhension – sans en faire trop bien sûr. Le prof vous en sera terriblement reconnaissant, parce qu'une partie de la salle est en général dans la lune, ou regarde son smartphone (au bureau, pas en classe...). Ça me le fait aussi quand c'est moi qui fais la présentation...

Et donc Dana a suivi mon conseil et sa cote de popularité professorale a changé, et (c'est moche mais c'est comme ça) ses notes ont augmenté. Peut-être qu'elle a aussi prêté plus d'attention et mieux compris, c'est le *double win* de cette façon de faire.

[1] Oui, de *profiling*, comme les *profilers* de serial killers. Cerner la personnalité de votre prof.

Choisissez vos combats, pour éviter les clashs

Vous tomberez sur des gens pleins de préjugés tout le temps, toute votre vie, alors autant apprendre à ne pas vous les mettre à dos pour rien, surtout quand ils ont une belle capacité de décision pour votre futur. Évidemment lorsqu'on constate une grosse injustice, que quelqu'un cause une souffrance, il faut s'en émouvoir et réagir. Mais un prof qui a des dadas, des modes de fonctionnement préférés... on y a tous survécu, et vous ne le changerez pas.

Au quotidien, quelques réflexes « calumet de la paix » avec les profs

- **Restez toujours courtois**, ce qui veut dire que vous regardez le prof dans les yeux en le saluant (donc vous le saluez), que votre ton, votre expression et votre langage sont adaptés à un lieu un peu plus solennel que Snapchat.
- **Contrôlez votre tempérament.** Le prof vous fait des remarques, peut s'énerver, parfois vous pensez que ça n'est pas juste : vous en revanche, ne pouvez pas « monter dans les tours » sans conséquence négative pour vous.
- **Comment faire pour ne pas perdre la face ?** Il suffit de ne pas avoir l'air de jouer votre honneur dans les confrontations ! On vous réprimande ? Prenez-le avec le sourire ou au moins avec flegme (*i.e.* soyez zen). Effet « dégonflage de problème » garanti. Vous apparaîtrez comme au-dessus de ça. Et c'est normal qu'un prof exerce son autorité. Il y a la même chose dans le monde du travail : si face à une remarque plus ou

moins aimable, vous partez en sucette, ça posera un problème rapidement.

- Si vous avez oublié de préparer un TD : **tentez l'honnêteté**. Dites-le au prof au lieu de passer le cours à cacher la misère et à prier de ne pas vous faire envoyer au tableau. Expliquez ce qui vous est arrivé – en évitant le thème « attaqué par un ours ».
- Si vous avez vraiment raté un DST, allez aussi voir le prof. Demandez de l'aide. Établissez une communication « *one to one* » avec lui au lieu de rester anonyme dans le groupe de classe.
- **Le prof doit pouvoir vous distinguer des autres** avec votre personnalité, et reconnaître vos difficultés, vos efforts. S'il vous connaît, il vous aidera. C'est exactement le même principe que dans les relations entre amis, qui nécessitent de réels contacts pour devenir sincères et fortes.

7 PRÉPAREZ VOTRE ORIENTATION PROFESSIONNELLE ET VOTRE ENTRÉE DANS LE MONDE DU TRAVAIL

Vous êtes à un tournant de votre vie, avec moult décisions à prendre, et parfois vous êtes très perplexe, voire désorienté. Voyons comment aborder l'univers des filières possibles en mettant le maximum de chances de votre côté et comment gérer les obstacles que vous pourrez rencontrer tout au long de votre parcours grâce à une attitude positive et constructive.

A. Pour vos premiers choix, optimisez vos chances de viser juste

Pour décider de votre voie, certains vous diront de rechercher votre propre « **Ikigai** », un concept japonais – votre « raison de vivre », « ce qui vous fait vous lever le matin ». C'est le croisement entre vos valeurs, ce pour quoi vous êtes bon, vous avez développé un talent, et ce que vous aimez faire. Je vous invite à jeter un œil sur le Web, on y propose des méthodes Ikigai pour s'orienter vers le genre de job qui vous convient. À ne pas prendre comme parole d'Évangile, mais enfin ça peut servir de socle de réflexion.

Pour vos choix d'orientation, **assurez-vous que le domaine professionnel que vous envisagez correspond à vos aspirations de vie, de relation aux autres, et que la culture professionnelle qui lui est attachée vous correspond.** Par exemple, quand une carrière vous paraît très aride même si son aspect financier est satisfaisant : posez-vous trois fois la question. Parce que changer de voie à 30 voire 40 ans, ce n'est pas impossible, mais c'est vraiment compliqué. Car ça veut dire faire des sacrifices et prendre des risques financiers à un âge où on a souvent charge de famille (et en tout cas moins envie de camper qu'à 20 ans).

Autre écueil : beaucoup d'entre vous se dirigent vers une voie imposée (souvent parentale) lorsque vous choisissez des études ou une carrière. Fréquemment, l'étudiant est poussé vers un choix *secure* et un métier qui ne lui dit rien mais qui « fera bouillir la marmite ». Comme un de mes proches qui a dû faire des études de comptabilité « comme son père » alors qu'il voulait devenir comédien, écrire des scénarios... ce qu'il fait d'ailleurs aujourd'hui avec bonheur, après plusieurs années d'études de comptabilité...

Si vous vous trouvez face à ce type de situation, rappelez-vous que vos parents pensent agir pour votre plus grand bien, parce que vous pourrez facilement prendre leur suite, parce qu'eux aiment leur job et pensent que vous vous y épanouirez même si vous êtes trop jeune/inexpérimenté pour le comprendre.

Il faut dialoguer et argumenter avec vos parents un peu comme s'ils étaient votre examinateur ou un employeur potentiel.

Écoutez aussi ce qu'ils ont à dire, parce qu'il y a quand même des chances pour que leurs remarques soient frappées au coin du bon sens et de l'expérience !

QUELQUES CONSEILS SI VOUS SAVEZ CE QUE VOUS VOULEZ FAIRE :

– Renseignez-vous bien sur le domaine de vos souhaits, faites votre « Q&A » (voir chapitre 10, p. 205) pour savoir dire en quoi les études et le métier vous correspondent, quel type de carrière est possible avec cette formation. Trouvez des exemples de gens qui ont réussi professionnellement en suivant cette voie ;

– Présentez un projet étudiant et professionnel construit ;

– Montrez que vous êtes réaliste, et que vous avez pensé à des « plans B » pour dans un an ou deux, au cas où le domaine que vous visez s'avère compliqué, car il compte peu d'élus, ou est bouché.

● Si vous ne voulez pas suivre la voie proposée par vos parents, mais que vous ne savez pas ce que vous voulez faire

- Construisez votre argumentaire pour montrer comme vous n'êtes pas fait pour le projet proposé (**soyez diplomate** dans cet exercice, évitez le dénigrement, surtout si vos parents sont dans l'option « tu prendras ma suite »...) ;
- en même temps, soyez constructif en faisant l'effort d'esquisser le type de domaine qui vous plairait, et de mettre des mots précis sur ce qui vous intéresserait professionnellement.

Demandez de l'aide à vos parents pour réfléchir et trouver une idée d'orientation. Impliquez-les volontairement, ça fait bouger les positions et ça peut désamorcer une relation très tendue.

Si tout reste très compliqué, j'ai vu certains **conseillers d'orientation** faire des merveilles dans ce genre de situation, car l'introduction d'un tiers expert dans la discussion dépassionne et pacifie la réflexion d'orientation.

Est-ce que je vais vous conseiller de suivre vos rêves envers et contre tous ? Oui et non.

Ce qu'il vous faut, c'est plus de temps consacré à vous renseigner sur les métiers et filières avant de pouvoir indiquer vos « vœux motivés » pour l'après-bac. Comme les outils de choix d'orientation qu'on met à votre disposition au lycée tournent autour des conseils des professeurs, il va falloir qu'on forme le corps enseignant sérieusement pour qu'eux-mêmes puissent donner des conseils qui tiennent la route...

Prenez des initiatives, allez interviewer des parents, des professionnels, des scientifiques, etc.

Comme on n'est jamais mieux servi que par soi-même, dès 14 ou 15 ans vous pouvez et feriez bien de vous renseigner sur les métiers et la vie professionnelle. Prof d'éco merveilleux ou pas inspirant, prof de français qui vous endort ou vous emporte dans un monde magique, parents qui vous poussent à quatre mains vers un métier : ne laissez pas ce genre de facteur déterminer à eux seuls vos choix d'orientation. Faites tout pour vous informer en interviewant des gens qui bossent :

– allez-y, demandez des stages de seconde ou de terminale (ou d'après-bac) dans des domaines qui peuvent vous plaire ;

– faites des jobs l'été ;

– intéressez-vous un peu aux affaires et à la société qui vous entoure ;

– ou tapez à la porte du milieu artistique, musical, sportif, des associations qui s'occupent d'une cause, si c'est ce qui vous attire.

Faites-le tôt, de manière proactive. Demandez à ceux qui font des métiers qui vous tentent de vous raconter leur évolution, leurs études et après. Vous serez parfois très surpris par des gens qui sont totalement sortis des parcours tout tracés, dans beaucoup de domaines.

Cette démarche « préemptive » vous permettra **d'optimiser nettement vos premières décisions**. Sans doute, ça n'évitera pas des corrections et réorientations dans quelques années (voir quelques paragraphes plus loin, p. 116). En revanche d'une part ces initiatives boosteront votre motivation, de l'autre elles limiteront les énormes erreurs d'aiguillage. *Stop, breathe and think*[1] comme on dit en plongée sous-marine.

[1] Arrêtez-vous, respirez, pensez (ensuite seulement, agissez, dit la règle, quand vous êtes à trente mètres sous l'eau et qu'il y a un problème).

Si vous ne connaissez pas grand monde

- Si vous ne trouvez pas de contacts étudiants ou professionnels à solliciter via des relations, c'est facile sur le Web.
- Oubliez votre timidité. Ayez un peu de culot, sans être présomptueux ni vous comporter comme si un entretien vous était dû.
- Un peu d'humour, de la simplicité et une phrase comme « j'imagine bien que vous êtes très occupé mais quelques minutes de votre temps feraient beaucoup de différence pour moi, je m'adapterai à votre agenda », peuvent attendrir les professionnels pressés.
- Une plateforme a été lancée par l'Office national d'information sur les enseignements et les professions pour celles et ceux qui n'ont pas les contacts pour trouver des stages de troisième[1]. Si plein d'entreprises et d'administrations participent, et que l'initiative est étendue aux stages pour lycéens, ça peut être un mouvement génial.

B. Considérez concrètement les débouchés

Constat : pour beaucoup, beaucoup d'entre vous, vous n'êtes pas informé sur les formations, les débouchés possibles, et n'avez aucun outil à votre disposition pour vous renseigner efficacement. Je ne vais pas faire le conseiller d'orientation, même si je ne serais sans doute pas mauvaise en coach. Quelques réflexions utiles tout de même

[1] https://www.monstagedetroisieme.fr/

Vous vous doutez que parmi les secteurs qui explosent, il y a tout ce qui a trait à l'informatique. La transformation numérique[1] fait exploser la demande d'informaticiens et crée de nouveaux métiers. Sciences de la collection et de la recherche de données (*data mining, data crunching*...), réalité virtuelle, intelligence artificielle ou informatique de gestion : les débouchés sont immenses.

En parlant d'intelligence artificielle (IA), j'aimerais dire un mot de son impact probable, et de la place qu'elle doit avoir dans vos choix d'orientation. Il y aura évidemment des étudiants d'aujourd'hui qui travailleront demain à inventer l'IA. Pour les autres, Laurent Alexandre, le chirurgien qui a fondé Doctissimo, explique qu'ils doivent aller là où l'intelligence artificielle ne peut pas aller. D'après lui (et de nombreux analystes), les secteurs automatisables, caisse, banque, véhicules autonomes, comptabilité, vont sûrement être grignotés par l'IA.

Il faudra donc développer des qualités que l'IA n'a pas : esprit critique, empathie[2], bon sens. Être curieux, mobiles, adaptables, altruistes et créatifs – bref il faudra sans doute aller là où vous serez complémentaires de l'intelligence artificielle. Or, ce ne sont pas des qualités que vous acquérez dans le système éducatif d'aujourd'hui en France. C'est pour ça que votre prise de conscience personnelle est vitale. Prenez le temps de vous arrêter parfois, de vous renseigner et de réfléchir – pour prendre des décisions éclairées.

[1] La transformation numérique est le processus qui permet aux entreprises d'intégrer toutes les technologies numériques disponibles, Internet, cloud, traitement de bases de données, etc., au sein de leurs activités.
[2] Capacité à comprendre les émotions et les sentiments d'un autre individu, à se mettre à sa place.

Tournez sept fois votre langue avant de choisir une « voie bouchée »

Il faut le dire, il y a des filières qui mènent avec une forte probabilité au chômage. Je suis tombée sur une étude conduite par Qapa[1] sur « les formations ou métiers pour être sûr d'être au chômage après le bac » par exemple. Je passe rapidement sur les choix qui vous viendront probablement peu à l'esprit, comme opérateur dans l'industrie textile ou professeur d'EPS. Notez que là où l'on recrutait le moins cette année, c'était dans les métiers suivants : psychologues, animateurs socioculturels, journalistes, hôtesses de l'air/stewards, et architectes. Pourtant ce sont des métiers attirants et qui peuvent être des métiers « passions ». Il y a aussi parmi ces métiers, ceux d'employé de banque et d'hôte de caisse, à cause de l'automatisation et d'Internet.

Parmi les formations les moins recrutées/recherchées par les entreprises cette année, on trouve celles qui tournent autour du marketing, de la communication-publicité et des relations presse, ainsi que l'édition. Il y a donc des jeunes qui cherchent un emploi longtemps à la sortie de l'université, puisque très nombreux sont celles et ceux qui se tournent assez naturellement vers ces formations.

[1] Site web de « *job matching* » automatisé (recrutement et offres d'emploi en ligne).

EN RÉSUMÉ

– C'est du boulot pour vous de choisir une voie. En plus de vous renseigner sur le métier lui-même, pour vous assurer qu'il vous correspond, je vous conseille de vérifier qu'il y a les bons débouchés.
– Si vous vous décidez pour une filière qui n'est pas votre coup de cœur mais qui offre plus d'opportunités, rappelez-vous qu'il y a des passerelles entre toutes les expertises. Votre « truc en plus », votre dada que vous n'avez pas choisi au départ, peut vous rendre spécial dans votre parcours.

Mûrissez vraiment votre réflexion avant de partir dans une voie « d'exception »

Parlons un instant des carrières dans lesquelles la réussite est à 1 chance sur 10 000. Devenir footballeur, acteur, danseur, mime, écrivain, musicien, c'est un pari bien plus risqué que la restauration-hôtellerie, les ressources humaines, la finance ou l'informatique, parce qu'il faudra se faire remarquer parmi des milliers d'autres.

Mais heureusement, il y a toujours des gens très passionnés qui décident coûte que coûte de faire le métier de leurs rêves, qui croient en eux-mêmes, et qui réussissent. **Alors me direz-vous, comment je décide si j'ai envie de devenir artiste, acteur… ? Eh bien j'ai quelques idées.**

– Engagez-vous dans une voie d'exception seulement si vous croyez à fond en vous-même ou que vous utilisez les outils d'autosuggestion positive que nous allons voir plus bas.

– Ayez une vraie stratégie suivie, un plan (de communication, des étapes à franchir, des gens qui vous lanceront, de différenciation...).

– Sécurisez un moyen de subsistance pour vivre entre maintenant et le moment où votre projet réussira.

– Ayez une date limite et un plan B. Donnez-vous x années, et pensez aux bifurcations que vous pourrez faire. Quelle que soit la tournure de votre vie, vous aurez appris beaucoup pendant vos années sur la voie d'exception, même si ça ne marche pas à fond, donc ça vous servira pour la suite. **Un choix après bifurcation pourra s'avérer encore plus intéressant, épanouissant et plein de succès.**

C. Quelques idées au cas où vous n'accrocheriez pas avec les études

● Pas de décision précipitée !

Vous vous êtes engagé dans une voie, et vous sentez que ce n'est pas la bonne... Lorsque vous avez envie de vous réorienter, il faut prendre le temps d'y réfléchir, sans décision brutale. Vous verrez que si vous êtes déprimé par vos études, le simple fait de commencer à regarder vos options, donc votre *next step* possible, va vous redonner une perspective et vous remonter le moral.

Je note que pendant la période de questionnement et de recherche active sur le *next step*, vous aurez sans doute un emploi du temps un peu chargé – car vos études continuent. Je vous conseille alors vraiment de **ne pas tout lâcher direct**. C'est peut-être ce que vous déciderez de faire, mais c'est mieux si vous le faites **à l'issue d'une réflexion sur vos options** – lorsque vous aurez formé une idée de bifurcation possible.

Si vous avez du mal avec le côté scolaire et théorique

Si vous êtes en *lose* totale au lycée ou dans vos études, j'aimerais commencer par vous dire ceci : **il y a de grandes chances que vous trouviez le post-bac (ou le post-études) intéressant quand vous y serez.** Par ailleurs, il y a un nombre incroyable de gens qui dépérissent dans une salle de classe, et s'éclatent plus tard dans le boulot – quel qu'il soit. Parce que ça devient vraiment concret, qu'ils se découvrent un talent de communicant, de travail en équipe, le sens du commerce, parce qu'on rencontre plein de gens, que c'est enfin du vrai business donc c'est excitant...

Je connais des avocats en droit financier qui adorent ce qu'ils font, des gens qui travaillent en finance dans des chiffres toute la journée et qui sont passionnés. Je connais personnellement des mathématiciens, des programmeurs, des ébénistes, des entrepreneurs câbleurs, des fiscalistes, des médecins, des commissaires de police, une profileuse criminelle[1]. Bref, il y a des gens épanouis absolument partout, même dans des métiers vers lesquels on ne va pas *a priori* en criant de joie.

Pensez aux filières « appliquées »

Maintenant, si vous trouvez que tout ce que vous faites au collège est trop théorique, ou si vous avez une idée précise de ce que vous voulez faire, voire une passion, il y a la voie du **bac dit « technologique »** – qui porte assez mal son nom puisqu'il propose 8 filières, dont certaines pas du tout techno. Ces bacs

[1] Alors elle, c'est vraiment la star dans les dîners dès qu'elle annonce quel job elle fait.

vous permettent de vous orienter plus tôt (dès la seconde) vers un métier qui vous tente, donc vous êtes moins dans le général/théorique – même si les matières générales sont presque toutes conservées – et plus dans le cœur de la matière professionnelle. Par exemple, regardez ces voies si vous envisagez d'entrer dans l'hôtellerie-restauration, les sciences de l'agronomie et du vivant, le graphisme et la mode, la musique, ou de pratiquer un sport de haut niveau…

Si vous êtes absolument allergique aux études, ou que vos études sont allergiques à vous, il y a aussi, dès la seconde également, **les filières professionnelles**. Notez qu'elles ne vous donnent pas toutes un bac. Elles permettent une entrée très rapide dans le monde du travail et le « vif du sujet ». Il y a ainsi plus de 200 spécialités de certificats d'aptitude professionnelle (CAP) possibles, très appréciées des entreprises. On y débute l'apprentissage d'un métier ou d'un ensemble de métiers en acquérant des techniques et des savoir-faire pointus (en deux ans) ou un bac professionnel (en trois ans).

Il faudra vous inscrire dans un lycée « général et technologique » pour le bac techno ou dans un lycée « professionnel » pour une filière pro, donc soyez prêt à quitter votre voisinage immédiat pour suivre ces voies.

J'ai aussi vu des gens en poste depuis un certain temps se remettre à étudier le soir pour décrocher un diplôme, ou faire ce qu'on appelle une VAE (validation des acquis de l'expérience) diplômante. C'est du travail, là aussi, mais c'est très valorisant.

Quelle que soit votre décision, sachez qu'il y a toujours une bifurcation possible ensuite, une formation diplômante ou une spécialisation qu'on peut faire sur un temps donné, en cours du soir ou par correspondance. Même quand vous êtes entré très tôt dans la vie professionnelle.

EN RÉSUMÉ

Pour optimiser vos chances de faire un choix qui vous va bien :

– renseignez-vous à fond sur les métiers qui vous tentent *a priori*, faites des petits jobs et des stages ;
– regardez bien les débouchés possibles, pour éviter les voies de garage ;
– si vous sentez que les études vous tombent des mains : allez voir du côté des lycées professionnels, de l'apprentissage, des nombreux bacs « technologiques ».

D. Incertitudes, décisions, bifurcations : pensez à vos « *next steps* »

« Qu'est-ce que j'ai envie de faire plus tard, qu'est-ce que je vais savoir faire plus tard ? » Vous avez beau vous renseigner et y mettre du vôtre, rares sont ceux qui ont une conviction sur le sujet à 16 ou 20 ans. En plus, au train où vont les progrès technologiques, vous devrez vous adapter à moult évolutions, et sûrement changer de job (ou de façon de travailler) en cours de route. Vous connaîtrez des échecs – dans les études ou après, vous vous ferez virer, vous « planterez » des business, vous vous sentirez dépassé, découragé.

Face à ce panorama plutôt flippant à première vue, il faut savoir les choses suivantes :

- **vous vous en sortirez toujours.** Vous saurez tout simplement passer à autre chose, si vous **cultivez la confiance et la capacité à rebondir**. C'est l'attitude du verre à moitié plein, la confiance en la vie et en vos propres capacités ;
- parce qu'**en réalité, changer de direction c'est normal ! Aujourd'hui déjà de moins en moins de gens font le même métier toute leur vie** ;
- si vous gardez ces pensées en tête quand vous êtes en difficulté, et que vous enclenchez un processus de recherche, vous vous donnez un objectif à votre portée, donc une sensation de bien-être, du *sense of purpose*[1].

Commencez par vous détendre : de toute façon vous décidez plus ou moins au pif !

Choisir, décider… je m'arrête un instant sur le sujet. Accrochez-vous une minute, ça vaut le coup. Le philosophe Charles Pépin rappelle que **choisir**, c'est se reposer sur des critères rationnels pour agir dans un sens ou dans l'autre – **quand on sait, avant d'agir**.

Décider, c'est compenser l'insuffisance de ces critères rationnels, par l'usage de sa liberté – **quand on agit, avant de savoir**.

Clairement quand vous choisissez une orientation à 16 ans entre faire médecine, faire de l'économie et se lancer dans le

[1] Sens de sa vie, les raisons profondes de son travail.

droit, **vous agissez avant de savoir** – donc vous prenez une décision. Comment faire ?

Quand vous vous approcherez dangereusement de Parcoursup (ou que vous serez en train d'essayer d'hypnotiser votre appli « Parcoursup » qui vous dit que vous êtes en 458 756 366e position et qu'il reste 150 places dans la fac que vous visez), vous aurez (1) au mieux une décision à prendre, et (2) au pire aucun choix.

Mon constat plein d'espoir pour ne pas stresser lorsqu'il s'agit de se décider pour une première spécialité : **il y a des passerelles absolument partout.** Ne vous désespérez pas si, comme vous n'êtes pas parmi les meilleurs d'un groupe, on vous oriente vers une voie technique qui vous dit moyen, voire pas du tout. Ou si vous rongez votre frein dans une spécialité, que vous regrettez un choix ou une « filière bouchée ».

Ayez la conviction que, de toute façon, vous êtes juste en train d'engager une étape du reste de vos études. La vie étudiante comme la vie professionnelle, est faite de « sauts de grenouille », que vous pouvez préparer et amorcer vous-même.

À chaque saut, vous atterrissez dans un domaine qui vous inspire plus, et qui est quand même suffisamment proche de votre zone de départ pour que vous y soyez assez « légitime ».

– Vous vous dites que vous avez fait une erreur en choisissant psycho ? Pensez à des spécialités qui utilisent la psychologie, et dans lesquelles ce serait un atout valorisé, comme le marketing, la communication par exemple.

– Vous dépérissez en fac de chimie ? Oui mais ça peut vous servir pour bifurquer vers pharma, ou pour faire totalement autre chose (même la gestion des relations humaines) dans une entreprise du secteur chimique.

Vous voyez l'idée – soyez imaginatif. Vous pouvez transformer une situation compliquée en une opportunité.

Différenciez-vous en imaginant votre prochaine étape

Sans essayer de vous projeter dans dix ans, vous pouvez vous placer dans un temps plus long que l'année en cours, **en ayant un coup d'avance et un plan, un *next step***. Bien sûr, ce plan changera plusieurs fois.

AVOIR UN COUP D'AVANCE, ÇA PEUT CONSISTER :

– à se dire « je commence une fac d'éco mais je regarde les admissions parallèles en école de commerce » ;

– à envisager des doubles cursus ;

– à penser activement à un changement de voie après une ou deux années d'étude, de sorte à obtenir une formation cohérente par rapport à ce qu'on avait commencé.

Par exemple : vous vous êtes engagé dans une filière informatique et vous choisissez de compléter votre formation par des études commerciales pour acquérir une palette de réflexes dans ce domaine. L'important, c'est que vous soyez en mesure de présenter ce plan à un employeur potentiel de manière rationnelle et valorisée.

Pour y réfléchir efficacement, imaginez que vous présentez votre bifurcation (après deux ans d'études par exemple) à un employeur potentiel. Cherchez les arguments pour en faire un avantage concurrentiel.

Faites-vous aider par votre entourage dans ce « *brainstorming* ». Le partage d'idées et la recherche de conseils donnent souvent des résultats inattendus et merveilleux. Sur le moment, on vous donne une idée intéressante, et après, les gens avec qui vous avez parlé auront dans un coin de leur tête votre histoire, et feront le lien pendant une conversation, en lisant un article sur un secteur, etc. Ils reviendront peut-être vers vous avec une proposition, des contacts ou des idées.

Menez votre parcours étudiant et « néo-professionnel » dans un esprit disruptif

J'adore écouter et lire ce que dit la jeune entrepreneuse Emmanuelle Duez[1]. Elle l'affirme, **« il faut être disruptif[2] »**, c'est-à-dire être créateur-innovant, et ne pas avoir peur du changement. Elle parle du monde de l'entreprise, et veut « faire rêver les gens de 17 à 77 ans sur l'entreprise de demain qui les ferait vibrer ». Mais le message d'Emmanuelle Duez, c'est que tout le monde peut être disruptif, notamment dans la façon de construire son parcours – à commencer par ses études donc.

[1] Fondatrice de The Boson Project – dont le but est de remettre l'être humain au centre de l'entreprise et de le responsabiliser.

[2] La disruption au sens où je l'entends ici est un concept marketing inventé par Jean-Marie Dru, cofondateur d'une grande agence de pub. C'est une méthode pour aider les entreprises à déclencher des sursauts créatifs, de l'innovation radicale sur un produit ou la communication d'une entreprise.

Branchez-vous attentivement sur le monde extérieur. Quels que soient votre secteur ou votre spécialité, imaginez quelque chose de différent, ou même juste légèrement différent. **Quelle expertise en plus, quelle formation, quel hobby différent, quelle qualité vous distingueront ?**

C'est l'expérience pro qui compte, en fait...

De toute façon, soyons honnête, je caricature un poil mais vous allez sortir de vos études avec un minimum de bagage. Vos réflexes vous permettront tout juste de ne pas débarquer totalement quand on vous adressera la parole dans le monde professionnel.

Et pourtant, quand une entreprise recrute, même un stagiaire, **elle rêve toujours d'un candidat qui a déjà de l'expérience**. Il y a donc une autoroute pour les jeunes qui auront réussi à faire ici et là des expériences professionnelles ou semi-professionnelles pendant leurs études, dans tous les types de filières.

Voilà pourquoi **il ne faut surtout pas que vous négligiez l'apprentissage en alternance**, qui permet de développer très jeune ses compétences en milieu professionnel.

EN RÉSUMÉ

Sur le stress des orientations et des réorientations :

- faites de votre mieux pour optimiser les choix qui vous sont offerts, en vous renseignant bien sur les débouchés ;
- votre parcours ne sera jamais rectiligne, et c'est tant mieux ;
- ayez confiance en votre capacité à trouver des passerelles entre les spécialités, et à infléchir votre trajectoire.

E. En zone de brouillard, soyez collectif et constructif

Je ne prétends pas résoudre ici les myriades de problèmes que peuvent rencontrer des étudiants au long de leur cursus, mais je peux partager avec vous certains réflexes utiles. Les raisons de l'échec scolaire sont terriblement nombreuses. Fatigue et questionnements passagers, difficultés sociales ou psychologiques, problèmes de dyslexie mal soignée, blocage type « je n'y arriverai jamais je suis nul », mauvais choix, peur de l'échec et stress, conflit avec un prof, abus de substances, parents qui mettent trop de pression, ou quelques-uns de ces facteurs ensemble ? Nous présentons dans ce livre quelques outils pour s'attaquer en amont à certains des problèmes que je viens de lister en vrac.

Si vous êtes mal dans votre filière, commencez par rompre l'isolement

Lorsque vous vous sentez perdu, ou rencontrez des difficultés dans une matière, votre plus grand ennemi est le sentiment d'isolement. Allez demander de l'aide, des conseils, posez des questions à d'autres étudiants, des profs, vos amis, des conseillers…

Ça paraît tout bête de vous dire ça, mais combien de fois ai-je posé des questions, en classe ou dans des situations professionnelles, sur des points pas clairs, en m'apercevant ensuite que la moitié de la salle n'avait pas osé la poser ? On a peur d'avoir l'air idiot ? On s'en fiche ! Et on rend service à tout le monde dans l'assistance. Évitez juste de poser une question si vous venez de passer dix minutes dans la lune ou sur votre smartphone, là vous risquez effectivement de tomber sur un truc que le prof a déjà dit.

● Développez des systèmes d'entraide

Là je m'adresse à tout le monde, à ceux qui sont en difficulté comme aux autres. **Que vous soyez l'aidé ou l'aidant, vous en sortirez meilleur, plus fort, grandi.** On est parfois plus à même de clarifier un cours pour quelqu'un lorsqu'on est plus proche de son niveau (et qu'il ou elle ose nous poser les questions...). Un étudiant qui décide de prendre du temps pour en aider un autre peut lui changer la vie. En échange lorsque vous « tutorez », vous affinez forcément votre savoir et votre maîtrise, pour pouvoir mieux expliquer et partager un raisonnement. Sans compter qu'en offrant votre soutien, vous créez une dynamique positive, vous vous faites un ami en plus, vous ouvrez votre horizon.

EN RÉSUMÉ

Ayez le réflexe « collectif » pour surmonter les difficultés :

- posez des questions, dites quand vous ne comprenez pas ou que vous êtes largué – à l'enseignant, aux autres étudiants ;
- pensez groupe de travail, entraide, main tendue, réfléchissez à organiser un réseau de soutien entre vous et d'autres étudiants.

Intégrez les échecs dans votre parcours de vie

Contrairement à ce qu'on peut penser, les échecs sont nécessaires et présentent une occasion salutaire de se remettre en question. **Ça veut dire qu'il ne faut pas les fuir comme la peste.** Efforcez-vous d'avoir confiance en la vie, qui vous réserve pourtant quelques bons obstacles, à commencer par la célèbre erreur d'aiguillage dans votre orientation…

AVOIR CONFIANCE EN LA VIE, ÇA VEUT DIRE :

– se donner les moyens (= se bouger) ;

– rester souple et savoir parfois « lâcher prise » ;

– accepter que tout ne marche pas toujours, sans en faire un drame – il faut se servir de tous les événements pour se construire.

Vous rebondirez et chaque étape (échec ou pas) vous aidera à inventer ce que vous avez envie de faire. Je pourrais d'ailleurs faire un bouquin entier sur des gens qui s'éclatent dans un métier qui n'a strictement rien à voir avec leurs études, ni même avec leur premier métier (cf. encadré suivant).

Probablement pour la première fois dans l'histoire de l'humanité[1], vous entendez en permanence que la vie sera plus dure pour vous que pour vos parents. Surpopulation, réchauffement climatique, intelligence artificielle, chômage, retraites réduites

[1] Sauf peut-être au Moyen Âge à l'arrivée de l'an 1000, quand on s'attendait à la fin du monde.

à pas grand-chose, insécurité... La pression est monstrueuse pour faire des études top, être les meilleurs, bref faire partie de ceux qui s'en tireront même si les autres coulent. Cette pression vient de vos parents, des réseaux sociaux, et de vous-même qui vous angoissez. On vous exhorte donc à travailler comme des fous, on vous explique que deux notes trop basses à des DST en première flinguent vos chances d'être accepté dans une prépa correcte, qu'il est urgent de faire les bons choix de carrière, etc. La culture française abhorre l'échec.

● Sachez reconnaître les vertus de vos échecs

Or comme le dit le philosophe Charles Pépin, l'expérience de l'échec est pourtant bénéfique. En France, si on se plante pendant ses études ou dans la vie professionnelle, les gens pensent souvent : « Il n'est pas infaillible, donc on ne peut pas lui faire confiance. » On a échoué donc on a des défauts, donc on vous re-claquera entre les doigts un jour. Alors que dans les cultures anglo-saxonnes comme aux États-Unis, **un échec est valorisé comme une occasion d'apprendre** (si on a su en tirer des enseignements sur le tas).

Ce que dit Charles Pépin, c'est que toutes les grandes réussites sont des enfants de l'échec. De grands artistes, savants, écrivains, comme Charles Darwin, ou Serge Gainsbourg, ont trouvé (inventé) leur voie tôt grâce à un premier échec cuisant. Pour prendre des exemples plus « business », je connais personnellement nombre de gens qui ont lancé plusieurs boîtes qui ont échoué, avant d'être extrêmement *successful* au troisième montage d'entreprise. Vous imaginez la niaque et les ressources mentales qu'il leur a fallu ? Ou alors est-ce qu'ils avaient tout simplement tellement appris de leurs premiers échecs qu'ils voyaient du coup bien les « *do's and don'ts* », et avaient pris confiance ?

Un exemple récent de réussite qui m'a fait très plaisir : le romancier britannique Matt Haig, qui a connu le succès en 2017 seulement avec son... 14e livre, le très inspirant *Rester en vie*[1]. Depuis, on s'intéresse à ses autres livres, et des producteurs en ont racheté les droits pour le cinéma.

● Pourquoi on se plante ?

Quand on subit un échec, cela s'explique soit parce qu'on n'était pas fait pour ce domaine, soit que le désir profond n'était pas là, soit qu'on a fait un choix « raisonnable » contre notre gré. Ou qu'on s'est vu beau en s'embarquant dans un truc un peu voué à l'échec, peut-être un plan *black swan*[2]. Ou encore qu'il nous fallait tout simplement une première expérience pour nous aguerrir !

D'ailleurs, plus on échoue tôt, moins on court le risque de la plantade[3] « droit dans le mur pied au plancher » pour la première fois à 50 ans. Parce qu'une plantade tardive peut arriver et on n'est alors pas armé pour affronter la remise en question que cela implique.

---

[1] Matt Haig, *Rester en vie*, Le Livre de Poche, 2018.

[2] D'après Nassim Nicholas Taleb, *Le Cygne noir : la puissance de l'imprévisible*, Les Belles Lettres, 2012. Je distords un peu le concept, mais le cygne noir, c'est l'événement hautement improbable, comme la découverte de cygnes noirs en explorant l'Australie, alors qu'on n'avait jamais imaginé ça possible. En d'autres termes, une carrière dans laquelle les chances de réussite sont infimes.

[3] Je précise que le mot « plantade » n'est pas correct, ne pas l'utiliser dans un DST merci.

EN PRATIQUE

Sachez construire sur les difficultés :

- Ne fuyez pas l'échec, ne refusez pas de le reconnaître, parce que l'échec vous construit.
- Prenez l'échec comme un signe qu'il faut bifurquer ou simplement rectifier le tir pour la prochaine fois.
- Mieux vaut plusieurs petits échecs jeune, qui s'inscrivent dans un parcours vers ce qui vous correspond et vous rend heureux, plutôt qu'un crash dans le mur à 50 ans.
- **En cas d'échec, faites sereinement votre bilan post-plantade.** Dans les entreprises, on appelle ça faire un « *post mortem/ lessons learned* ». C'est extrêmement utile pour construire votre expérience.

« Je ne perds jamais, soit je gagne soit j'apprends », Nelson Mandela.

Quelques exemples inspirants de bifurcations de vie

À la demande générale, voici quelques exemples joyeux et inspirants de gens qui se sont totalement réinventés, parfois assez tard. **Donc si eux l'ont fait à 40 ans, vous voyez que c'est loin d'être la fin du monde si vous êtes dans le doute à 18 ans !**

[1] Virage de bord, reconversion.

Parmi les « *shifts*[1] » qui ont réussi, j'aime bien l'exemple de Thierry Martino, le fondateur de SoulFetish, bijouterie haut de gamme fournisseur exclusif de Harley-Davidson. Martino a commencé à travailler comme commercial dans une bijouterie, c'est là qu'il a eu envie de bijoux en argent de grande qualité qui incarneraient son style « *biker* ». Il est allé tout seul apprendre le design de bijoux (en partant de zéro – ça n'était pas un créatif !). Il a monté sa marque depuis la Thaïlande, il a pris en main le design, le contrôle fabrication et qualité. Un jour, la renommée de SoulFetish augmentant, Harley-Davidson l'a choisi comme fournisseur mondial exclusif !

Il y a des parcours improbables tardifs dans tous les sens. Des vocations de maçons devenus archéologues, des J.K. Rowlings, des entrepreneurs qui débutent à 50 ans ou à la retraite... Dans le genre improbable, j'ai croisé il y a vingt ans un trader en banque, qui vient de reprendre ses études... pour devenir médecin[1].

Ces exemples montrent que tout est ouvert, même tard dans la vie. Alors si vous faites le plus tôt possible cette démarche d'« accoucher de vous-même », vous vous donnerez d'autant plus de possibilités de trouver une voie qui vous rend heureux.

[1] Pour l'histoire d'Arnaud Droitcourt – http://www.remede.org/documents/ingenieur-et-trader-il-arrete-tout-pour-faire-medecine.html

III

– S'ÉPANOUIR –

8 CRÉEZ LES CONDITIONS DE VOTRE BONHEUR

Ma conviction est que le bonheur n'est pas une réalité objective, mais quelque chose qui arrive quand certaines conditions extérieures sont réunies. C'est une sensation quasiment physiologique, qui se crée au quotidien. En prenant soin de soi, de son corps, en dormant bien, et en prenant conscience du mental qui génère du stress et de l'insatisfaction, on se crée des réflexes apaisants et porteurs de bonheur.

A. À la base de votre bien-être : un sommeil réparateur

On dit souvent que quand on est jeune, on peut tout faire, manger, boire n'importe quoi et ne pas dormir. C'est une erreur que tout le monde paye assez rapidement.

Parce que si vous dormez cinq heures par nuit, que vous carburez à la pizza au fromage fondu et aux chips, que vous prenez force alcool et drogues (et que, inutile de le préciser, vous faites zéro sport), vous allez avoir du mal à réussir quoi que ce soit de sympa en matière d'études, de passions, de job...

Une situation typique : vous avez du mal à vous mettre à bosser, vous êtes distrait par vos smartphones, les SMS, la télé (du genre Netflix ou peu importe ce que vous regardez au lieu de faire votre travail). Mais en même temps, vous stressez de ne pas bosser. Vous vous couchez tard, et souvent vous dormez mal. En tout cas quand le réveil sonne vous avez envie de mourir...

Ce qui bloque, c'est que vous n'arrivez pas à faire le geste de vous déconnecter de la journée, de lui dire au revoir. Ça n'est pas du tout une fatalité, et **avec des actions assez simples vous pourrez constater un mieux-être vraiment rapide**. Il faut commencer à agir sur le sommeil pour amorcer un retour au bien-être. Voyons comment vous y aider.

Dormir, c'est fondamental. D'après une enquête récente[1], près de 90 % des 15-24 ans estiment manquer de sommeil. Or, une flopée d'études scientifiques montrent qu'on a besoin de dormir sept à huit heures par nuit pour être en bonne santé (parfois dix heures quand on est adolescent), pour se sentir bien, détendu, ne pas prendre de poids, etc. Parce que dormir, ça peut vous paraître une perte de temps mais c'est vital : le corps récupère bien sûr, mais c'est aussi grâce au repos que vous consolidez votre capacité de mémoire (vous assimilez vos cours) et que vous gardez votre cerveau au meilleur de sa forme pour pouvoir vous concentrer. Le sommeil est aussi vital

[1] Enquête INSV/MGEN de mars 2018.

pour votre équilibre émotionnel. Passez une journée crevé, et vous réaliserez que vous réagissez beaucoup plus mal à tout, que vous trouvez tout nul, que vous êtes maladroit, négatif, et pas au top à un DST...

Donc **il faut réussir à vous coucher tôt, au moins plusieurs fois par semaine, pour désamorcer le cercle vicieux de la *lose* et de la déprime/angoisse/tristesse**.

Dormir mieux – trucs et conseils pratiques

Déjà, éteignez votre portable une heure avant de vous coucher. Si c'est horriblement difficile pour vous, **faites le test une seule fois**. Le lendemain vous ferez le constat suivant :

– Je ne suis pas mort.

– Je ne me suis pas réveillé en découvrant que j'avais raté un événement de malade/l'occasion unique de conclure avec mon crush.

– Mes amis ne me considèrent pas moins bien parce que je me suis mis AFK[1] à 21 heures.

– J'ai bien dormi, je suis d'assez bonne humeur en fait...

Attention, ne pas jeter un dernier petit coup d'œil à son portable juste avant de s'endormir !!

Et sachez que rien que la lumière des SMS sur un téléphone en mode silencieux perturbe énormément votre qualité de sommeil.

[1] Pour les adultes qui nous espionnent : AFK = *away from keyboard*, quand on ferme Internet.

Évitez les activités qui sollicitent trop votre concentration/votre tonicité juste avant de vous coucher

Les exercices de maths jusqu'à assez tard (cerveau qui tourne encore à plein régime) ou le sport (même certains yogas) sont déconseillés.

Pour vous endormir, essayez de lire

Par exemple un livre que vous devez lire pour le lycée. Je vous garantis que si vous lisez *Madame Bovary*, vous allez vous endormir gentiment assez vite. Le mieux c'est quand même de choisir un ouvrage qui vous intéresse, mais évitez la tentation du livre policier super haletant, c'est un piège, et ça vous tient éveillé longtemps.

Le livre marche aussi si vous vous réveillez en milieu de nuit avec une insomnie, plutôt que de vous retourner comme une carpe et de vous agacer dans le noir. Cinq minutes de *Madame Bovary*, et ça repart...

Une fois au lit

Si vous avez du mal à passer votre cerveau en mode « off », il y a des techniques ancestrales pour décrocher et s'endormir :

- **comptez les moutons** (vraiment !), ou faites un exercice mental équivalent : **passez en revue ce que vous voulez**, tous les modèles de voitures, tous les beaux acteurs, toutes les BD que vous aimez. Concentrez vos pensées sur cet inventaire dès que votre mental commence à vagabonder. Faites-le sérieusement dix minutes, c'est assez radical ;

- **travaillez votre respiration**;
- **visualisez-vous** en train de d'épousseter **le trop-plein d'énergie de la journée qui vous reste**, pour vous apaiser et passer en mode sommeil.

Ces techniques vous permettent de stopper le cours de vos pensées, de chasser les contrariétés de la journée. Elles sont une forme de méditation, qui permet de s'apaiser et de sombrer dans le sommeil: les Américains leur ont trouvé le nom de « *beditation* ».

Sinon, mettez-vous en mode *off*... avec la méditation

Autre petit truc que j'emploie souvent et qui est génial: je vais sur YouTube et je choisis une vidéo de méditation/relaxation ou d'autohypnose dont je vous donne quelques exemples en fin d'ouvrage.

- Choisissez une vidéo assez courte, max vingt à trente minutes.
- Mettez votre téléphone sur silencieux, votre réveil pour le lendemain, vos écouteurs (**attention**, ne *regardez* pas la vidéo, écoutez-la juste...) et c'est parti.
- En général ça va vous endormir et vous vous réveillerez déjà reposé, avec la vidéo terminée. Il n'y aura plus qu'à vous rendormir paisiblement pour continuer la nuit – **sans jeter un dernier coup d'œil aux réseaux sociaux, bien sûr ! Si si, je vous vois.**

Notez que vous pouvez aussi vous mettre dans un canapé, assis, et faire une méditation guidée sur YouTube **puis aller au lit**, c'est très efficace et ça vous remplit de mollesse et de bonne fatigue. Et la méditation a d'autres bienfaits pour le moral et la santé...

EN PRATIQUE

Les *to do* du bon sommeil pour vous sentir bien et heureux :

- pendant la journée, exposez-vous à la lumière du jour quand vous pouvez, ça régule les mécanismes du sommeil ;
- faites des microsiestes de trente minutes maximum, si vous arrivez à vous endormir rapidement ;
- coupez le téléphone un peu avant de vous coucher (ça n'est pas une détox, c'est juste une heure de repos que vous offrez à votre cerveau trop connecté) ;
- ayez un rituel qui vous fait rentrer dans un « temps calme » : lire un livre, prendre une douche chaude, mettre une *playlist* apaisante... ;
- aidez votre cerveau à décrocher des pensées et des projets qu'il ressasse : en comptant les moutons ou ce que vous voulez, en procédant à un scan corporel, ou en écoutant une mini-méditation sur YouTube ou sur une appli.

N'oubliez jamais que quand on est fatigué tout le temps, on déclenche un cercle vicieux pour sa santé et son moral. Alors que lorsqu'on prend du temps pour bien dormir, on construit facilement une bonne base pour se sentir bien dans sa peau.

● Dormez à fond en période d'examen !

La coutume chez les étudiants est de sacrifier leur sommeil pendant les périodes d'examens et partiels/concours, pour faire un marathon de la révision forcenée.

Il y a quelques années, Michael Scullin, prof de l'université Baylor, au Texas, spécialiste des neurosciences du sommeil, s'est agacé de voir que ses étudiants (pourtant bien au courant des dégâts de la privation de sommeil) avaient gardé cette habitude. Dans une étude publiée à la fin de 2018, il a fait un test avec ses étudiants et ceux d'une classe de design qui n'y connaissaient rien aux neurosciences. Il a proposé des « points bonus » aux examens à ceux d'entre eux qui accepteraient de dormir au moins huit heures par nuit pendant les partiels finaux, en portant un appareillage de contrôle du sommeil.

Résultat sans appel. En dehors même des points bonus, les étudiants qui ont bien dormi ont eu de bien meilleurs résultats que d'habitude, et aussi que leurs camarades. Un étudiant a même dit que c'était « la première fois que son cerveau fonctionnait en période d'examens »....

Cette étude signifie ceci : pendant les révisions, dormez, et pendant les examens (enfin la nuit avant...), dormez aussi, pour booster votre mémoire, vos performances intellectuelles et votre capacité à vous adapter à une mise en situation inhabituelle sans stress (= un examen...). Attention, grignotez sur votre temps de sommeil plusieurs jours de suite pour réviser, et vous vous « tirerez dans le pied » comme on dit à l'armée.

Petit *joker*: les effets négatifs d'une **privation de sommeil ponctuelle** (une seule mauvaise nuit, disons) restent limités. Si vous avez vraiment une matière tendue, vous pouvez « faire un petit sprint de la révision nocturne » la veille, mais deux nuits de suite c'est mauvais. Cette stratégie demande que vous organisiez votre temps sur le trimestre pour bien répartir votre travail et assimiler les cours – sans avoir à faire des nuits blanches avant et pendant les exams. Le professeur Scullin avait bien entendu pris soin de prévenir ses élèves du « *sleep challenge* » en avance de phase...

B. Prenez soin de votre corps

Pour être bien dans sa tête, réunir les bonnes conditions pour réussir dans les études, et faire les bons choix, il faut prendre soin de son corps. Avoir une alimentation équilibrée, bien manger, et ne pas s'empoisonner avec diverses substances.

● L'alimentation

Mon prof de boxe thaïe me disait « 80 % de l'aspect de ton corps, vient de ce que tu manges et bois. Le reste c'est le sport. » Du coup il avait plus de mal à me faire faire 50 pompes juste après.

Mon idée n'est pas de vous rendre plus mince, plus musclé, mais de vous donner des clefs pour prendre soin de votre corps, pour contribuer à votre bien-être, physique et mental. Normalement ça aide quand même à vous faire sentir plus beau aussi, bien sûr !

Les conseils de base que j'ai pu expérimenter moi-même sont simples :

- **prenez un petit déjeuner consistant**, si possible avec un café noir de bonne qualité, car le café a un fort effet boostant sur l'humeur (pas plus de 2 par jour et pas après 15 heures si vous êtes sensible). Banane, noix, amandes, noisettes et autres graines – ou pain beurre, fruits, yaourt... Essayez de

ne pas faire dans le trash ultrasucré ou gras « juste parce que c'est le matin et j'éliminerai ». Ne sautez pas le petit déjeuner. Si vous n'avez pas faim le matin, forcez-vous à manger, en commençant par quelques bouchées. Ça deviendra une habitude. Vous avez besoin que votre cerveau et votre corps fonctionnent jusqu'au déjeuner, et sans petit déj, ça n'est pas possible.
- **buvez pas mal d'eau** pour vous hydrater et éliminer les toxines, surtout avant 15 heures, astuce qui vous permet de ne pas vous réveiller au milieu de la nuit et vous garantit une meilleure qualité de sommeil. Personnellement, j'essaie de boire environ 1 litre ou 1,5 litre d'eau par jour ;
- **prenez un déjeuner et un dîner équilibrés** : des protéines (œufs, poisson, volailles, viandes... je vous laisse trouver autre chose si vous n'en mangez pas), des légumes **frais si possible car ils ont alors leurs vitamines**, du « solide » (pâtes, riz, pain, pommes de terre et dérivés), des fruits. Évitez autant que possible le micro-ondes, qui détruit les vitamines ;
- **le bon réflexe de fin d'après-midi : deux fruits frais vers 17 heures** – ça apporte des vitamines, ça vous rebooste au moment du petit coup de mou quotidien, et ça évite le phénomène bien connu « je me jette sur la plaquette de chocolat/je fais un sort au Caprice des dieux à 19 heures ».

Évidemment, tout cela est encore plus nécessaire en période d'examens ! Chouchoutez-vous et ne vous mettez surtout pas en mode « commando de survie » qui ne fait que bosser et s'affame ou vit de *junk food*.

La *junk food*

Oui bien sûr les hamburgers, les pizzas au fromage, la moussaka surgelée, les nuggets de poulet frit, les bonbons, les boissons chimiques, les glaces c'est génial (ça y est, je me suis donné faim en écrivant). Mais la *junk food* à haute dose vous fait du mal : trop gras, trop sucré. Votre estomac peine, vous avez de nouveau faim rapidement, vous vous transformez en urne à produits chimiques et à mauvaises graisses, ça vous fatigue... Même si vous restez mince quand même et que vous pensez que cela n'a pas de conséquence sur vous « parce que vous avez un bon métabolisme ».

Il ne faut surtout jamais se priver totalement de choses qui nous font plaisir, en revanche on a tout à gagner à rester modéré, et à privilégier les aliments sains.

Par ailleurs, on sait maintenant l'influence de l'alimentation sur le cerveau. Votre santé (notamment votre appareil digestif) a un impact général sur votre moral, votre niveau d'énergie et vos performances intellectuelles – et vous entendrez de plus en plus parler de ce « deuxième cerveau » qu'est notre intestin. L'équilibre de son microbiote (l'ensemble des organismes qui le peuplent) a une influence sur votre santé physique et mentale.

Véritablement, avec du repos, une alimentation plutôt équilibrée et des réflexes et outils pour penser et agir positivement, vous tiendrez le bon bout du bonheur.

L'alcool

Croyez-moi, j'en ai vu des beuveries tous les jeudis, tous les samedis, ce qu'on appelle aujourd'hui le « *binge drinking* ». Des copains et copines saouls morts dans un coin de la soirée, et les conséquences qui vont avec (prise de poids dingue, peau moche, commencement d'addiction, impact sur les études et grosses déprimes, sans parler des autres dommages collatéraux comme obtenir la réputation de « ruine de fin de soirée »).

Il faut que vous sachiez que l'alcool consommé régulièrement compromet le développement de votre jeune cerveau.

Et maintenant, il faut vous mettre au sport, INDISPENSABLE

Je ne parlerai pas du sport pour son intérêt « minceur/esthétique », parce qu'à moins d'en faire vraiment beaucoup, c'est plus ce que vous mangez et buvez qui influe sur votre minceur. En revanche, **pratiquer un sport vous apporte des bénéfices incroyables pour le moral et la santé mentale et physique.**

FAIRE DU SPORT :

– Ça vous déstresse, en vous changeant les idées totalement, et en vous distrayant.

– Ça met de bonne humeur en vous faisant sécréter certaines hormones « du bonheur ». Un excellent antidépresseur donc.

– Ça améliore la qualité du sommeil (mais n'en faites pas juste avant de vous coucher, sinon yeux grands ouverts garantis).

– Ça stimule la circulation de fluides comme le sang dans le corps et le métabolisme.

– Ça renforce vos muscles et améliore votre endurance. Vous oxygénez vos muscles et votre cœur, et rendez votre système cardiovasculaire plus efficace. Votre niveau général d'énergie s'élève.

– Ça permet de bouger, d'éviter les maux de dos dus à l'ordinateur – car la vie d'élève est sédentaire.

– On répète souvent que les sports d'équipe développent… l'esprit d'équipe. Et c'est vrai, la coopération et l'organisation du jeu préparent à la vie en association, en entreprise…

– Les sports individuels aussi sont top : ils vous donnent l'occasion de rencontrer des gens hors de votre cercle social habituel, et sont une ouverture sur de nouveaux horizons qui vous aèrent le cerveau.

– Si vous trouvez le sport de vos rêves, qui sait, vous le pratiquerez peut-être un jour en niveau compétition ?

Le yoga

Pour celles et ceux qui ne sont pas des ultra-marathoniens dans l'âme, pensez au yoga, qui apporte beaucoup de bienfaits nécessaires à des étudiants stressés, alors que très peu d'entre vous le pratiquent. Le yoga renforce et assouplit tout le corps, et comme il mobilise et étire tous les muscles, c'est un excellent remède contre les maux de dos. De plus, même lorsqu'il est intensément sportif, il vous oblige à vous concentrer totalement sur votre posture et votre souffle. C'est un antistress absolument incroyable. Côté budget, il y a plein de cours « débutant », et des initiatives peu onéreuses qui fleurissent un peu partout. J'ajoute que le yoga n'est pas « que pour les gonzesses », ça construit la force et l'équilibre et on en ressort rincé. Alors essayez avant vos 30 ans !

EN PRATIQUE

Comment vous mettre au sport (alors que vous n'avez pas le temps, que vous êtes crevé, que vous n'avez pas le budget, n'aimez pas le jogging, etc.) ?

– C'est plus facile à plusieurs. Quand vous avez la flemme, il y a de grandes chances que votre pote soit dans une phase courageuse, et inversement.
– Si vous êtes anti-sport, commencez par faire des marches (avec des bonnes baskets à semelles adaptées, et des habits confortables), dans des parcs et si possible pas juste à côté d'un gros embouteillage.

- Le sport un peu plus tonique que la marche, et qui ne coûte rien : **le jogging**. En recherchant des surfaces type terre battue pour épargner vos genoux. Si comme moi à votre âge, vous préférez vous faire couper un bras plutôt que de faire de l'endurance en EPS, essayez d'abord dix minutes (à petite allure), avec une super-musique entraînante, à plusieurs, en essayant de ne pas trop bavarder pour éviter le point de côté. Et vous verrez qu'en quelques mois ça sera trente minutes. Et que quand vous ne pourrez pas en faire, ça vous manquera. Promis.
- Essayez plusieurs types de sport. Chacun son truc. Il y a des malades de foot, de danse, les amis du vélo, ceux qui font de la muscu, les tennis(wo)men, des badmintoniens... Même les golfeurs font du sport ! La natation aussi est fabuleuse pour le corps, si vous avez la chance d'avoir une piscine publique à proximité de chez vous.
- Aérez-vous. Allez dans la verdure, même en hiver, même sous la pluie. Voir de la verdure est excellent pour le moral.
- N'oubliez pas de vous étirer après le sport. Pareil, il y a une tonne d'applis et de vidéos qui expliquent comment s'étirer sans se blesser, même s'il est toujours plutôt recommandé d'être accompagné par un professionnel. Cela dit j'adore sentir de petites courbatures pendant quelques jours, car dès que je fais un mouvement je me souviens que je suis sportive.

Avec le sport, quand on commence on ne peut plus s'arrêter, c'est même addictif ! En plus c'est amusant et ça vous fait rencontrer des gens. La dynamique est totalement positive. Ça peut aussi devenir une passion.

EN RÉSUMÉ

- Votre corps est votre allié. La façon dont vous le traitez impacte immédiatement votre bien-être, votre moral, et votre réussite personnelle.
- Vous ne perdez absolument pas de temps en faisant du sport car c'est une des conditions requises pour pouvoir avancer dans les études et réussir sereinement.
- Évidemment, il faut se prendre par la main pour enclencher la machine « sport », et ça fait partie intégrante de votre plan réussite et bonheur.

C. Contrôlez votre stress et construisez votre sérénité

Le stress, votre premier ennemi

Vous « stressez » très souvent, pour plein de raisons différentes – c'est-à-dire que sur de longues périodes, vous êtes sous pression et vous angoissez en permanence. Il faut bosser, les examens arrivent, vous avez DST sur DST, de la pression, des matières que vous n'aimez pas et dans lesquelles vous avez peur d'échouer, mais qui sont indispensables pour réussir votre année ou votre concours.

Et bien sûr, on connaît aussi tous le stress de la page blanche qui paralyse et fait oublier ce qu'on sait. Tous les conseils de cet ouvrage tendent à vous libérer du risque de stress, mais j'avais envie de faire un petit zoom sur ce phénomène pour vous aider à le contrôler quand il arrive.

Vous pensez souvent que le stress est un stimulant nécessaire pour étudier. « Le stress m'aide à travailler, comme j'ai peur de rater les examens je bosse comme une tarée tout le temps très consciencieusement », me dit Cléo. Mais est-ce positif, ce stress qui lui noue le ventre, l'empêche de dormir ? Le stress qui la persuade que si elle ne travaille pas vingt-quatre heures sur vingt-quatre elle va rater l'examen, et du coup elle ne s'autorise rien d'autre, même pas un peu de sport... Et quand elle prend une pause, elle est rongée par la mauvaise conscience. Le pire ? Quand Cléo sera devant sa feuille d'examen, elle fera probablement un blocage, et oubliera dans la panique tout ce qu'elle a appris !

Il y a aussi évidemment le stress de l'étudiant qui n'arrive pas vraiment à se mettre à travailler, mais qui est miné par sa mauvaise conscience et qui appréhende à juste titre les TD, les échéances d'examens, et les notes.

Il est intéressant de comprendre un peu **à quoi sert le stress dans la nature**. Les scientifiques nous expliquent que c'est un signal envoyé par une partie inconsciente du cerveau d'un animal, pour le prévenir d'un danger. Et il y a plusieurs stress.

- **Le stress « de fuite »** qui servait à empêcher Cro-Magnon de dormir lorsqu'il était dans sa caverne pour garder actif le feu au cas où l'ours décidait de revenir.
- On connaît aussi le bon coup de stress (**de peur/défense**) qui libérait la force de l'homme traqué, pour assommer au gourdin le tigre à dents de sabre qui venait d'entrer dans sa clairière par exemple – ça aussi c'était pratique. Vous aussi, vous vivrez sûrement des situations dans lesquelles un bon stress vous sauvera, mais **il faut que cela reste absolument**

ponctuel, et que vous agissiez immédiatement pour que le stress se dissipe.

– Un troisième type de stress, totalement paralysant, de type « lapin pris dans les phares », est le **stress d'inhibition**. Ce stress est là pour aider les mammifères à ne pas souffrir quand on les dévore… Peu utile pour mon propos.

On voit que le stress est un réflexe qui vous fait réagir en vous « dopant » pour vous donner l'énergie de surmonter une situation périlleuse. **Donc OK pour un bon stress ciblé sur une durée courte, bien canalisé.** Il vous permet de vous concentrer d'une manière inhabituellement efficace, en rassemblant toutes vos ressources intellectuelles et/ou physiques.

Mais il faut combattre le stress régulier, « chronique », et qui dure sur plusieurs jours, voire des semaines ou des mois. Ça vous met en situation de souffrance, c'est très nocif et ça n'est pas du tout efficace pour les études et la santé.

EN PRATIQUE

Pour minimiser le stress :

– Évitez de vous imposer un programme de travail stakhanoviste[1] sur des semaines, sans pause. Nous avons vu ensemble comment organiser votre emploi du temps, qui doit comprendre des pauses « aération de cerveau antistress » – et anticiper les révisions pour ne pas avoir une montagne à gravir deux jours avant l'examen.

[1] Méthode soviétique d'encouragement au travail incitant à battre des records de production. Du nom du mineur Alekseï Stakhanov qui, dans une nuit de 1935, aurait extrait 102 tonnes de charbon en six heures, soit environ quatorze fois le quota demandé à chaque mineur.

- Pendant les examens, faites de la marche, du sport, même sur des petites plages de temps d'une demi-heure. Une petite méditation ou un scan corporel.
- En période d'examen, vous serez tenté par les médicaments boostants (caféine et vitamine C type Guronsan), les vitamines, les compléments alimentaires qui préservent la mémoire et aident à la concentration, en vente libre en pharmacie. Pourquoi pas si vous avez le budget et que vous respectez les doses conseillées, en plus ça vous rassure et donc ça vous déstresse.
- Attention cependant aux boissons énergétiques et autres stimulants « pour réviser tard et quand même tenir pendant la journée », car ils peuvent masquer votre manque de sommeil, avec les dégâts que l'on a vus sur la mémoire, la concentration et le stress. Ils peuvent provoquer des crises d'angoisse à haute dose.

Pour contrôler les stress paralysants en commençant un DST :

- Prenez cinq secondes pour reconnaître que vous avez un coup d'adrénaline/de stress. Il est fait pour décupler votre capacité de concentration et d'action !
- Pour canaliser ce stress, faites l'effort de couper les éventuelles pensées négatives qui vous assaillent (type : « Adieu monde cruel, c'est pile le truc où j'ai fait l'impasse »), ça évite la paralysie.
- Faites quelques respirations ou un « scan corporel » en vidant votre tête, et en vous répétant : « Je suis capable de réussir, et je vais réussir. »

Un petit conseil antistress pour les DST de type maths, physique, droit, éco, etc.

Dans ces matières, les exercices de DST sont en général construits selon une logique : on commence par vous faire faire des constats basiques, puis on vous amène au fil des questions à en tirer une règle (une formule). On peut deviner une trame de raisonnement dans le déroulement du devoir.

- **Lisez donc d'abord tout l'énoncé très rapidement** « en diagonale » pour savoir où l'on vous emmène, au lieu d'aborder question après question en les découvrant. Ça aidera à vous déstresser.
- Vous vous donnerez ainsi une vision d'ensemble du cheminement du DST. Ne vous dites pas « ouh là ça va être chaud » mais « pendant que je travaille sur l'exercice 1, mon cerveau inconscient va travailler avec une vision d'ensemble, et il me soufflera des solutions et des raisonnements justes ».
- Si vous bloquez sur un point, au lieu de perdre vos moyens vous pourrez alors décider d'aller à un exercice un peu plus bas dans le DST, que vous avez repéré et que vous savez faire.

La panique de la page blanche à rédiger dans une matière littéraire

Vous êtes devant un énoncé de deux lignes en philo ou en culture générale, qui ne vous inspire absolument rien. Surtout ne cédez pas au stress incapacitant.

- Respirez, fermez les yeux et faites le vide dans votre tête quelques secondes.
- Sachez que vous avez les ressources pour produire un essai honorable. Invoquez calmement votre créativité, votre logique

et vos connaissances. Vous pouvez vous répéter quelques secondes un petit mantra en fermant les yeux, comme : « Je vais savoir réussir ce DST. »

- Prenez l'énoncé mot par mot, et commencez par écrire en vrac sur un brouillon ce que ça vous inspire. Même si ça ne fait pas sens. Déjà, la page n'est plus blanche, et il vous viendra des réflexions pertinentes dans ce flot.
- Souvent dans les devoirs de philo et de français, on vous provoque avec une question évidente ou une affirmation contre-intuitive. « Peut-on condamner le progrès ? », (réponse évidente : « ben non ! », mais en fait ça n'est pas si noir et blanc que ça...). C'est une occasion offerte de construire un plan basique oui/non, en vous creusant la tête.
- Appuyez-vous sur les doubles sens possibles de tous les mots de l'énoncé, le correcteur appréciera. Le terme « Peut-on » par exemple, peut signifier « a-t-on la capacité de » mais aussi « a-t-on le droit de »... du coup, cela vous donne de quoi élaborer vos réflexions. Et de plus, qui est ce « on » ? Hop, demandez-vous **qui** « pourrait » condamner le progrès.

EN RÉSUMÉ

Le stress paralysant pendant l'examen se combat :

- en chassant les idées noires (« je vais échouer je ne sais rien ») de manière proactive et consciente ;
- en faisant un petit instant de vide/autosuggestion positive pour son cerveau ;
- en se mettant à l'œuvre avec une petite méthode « pas à pas » pour défricher le maquis du DST devant vous.

Après le stress de l'examen, je voulais vous parler du stress-angoisse chronique du dimanche soir, source de détresse chez pas mal d'entre vous.

Le dimanche, vous redoutez le lundi matin qui arrive : le boulot et le tsunami de choses à faire, de questions de profs, et les enjeux de la semaine. En plus, souvent, le dimanche après-midi ou soir on ne fait rien, et c'est propice à ce que votre mental se regarde le nombril.

Quand ce malaise du dimanche vous arrive, arrêtez-vous un instant dessus.

- Prenez conscience du fait que **c'est un mécanisme récurrent qui ne repose sur rien**. Reconnaissez qu'en fait les lundis matin, lorsque vous allez au lycée ou à l'université, vous n'êtes pas stressé, vous gérez sans y penser.
- Si le stress arrive, forcez-vous activement à penser à autre chose. Normalement ça fait passer le moment de stress.
- Sinon, détournez votre attention en passant en revue la journée du lundi – vous pouvez même prendre des notes, vous faire une *to do list*... **Vous verrez alors que vous êtes en contrôle de votre semaine**, cela fera passer le stress.
- Voyez mes conseils sur la tenue d'un emploi du temps de la semaine – un outil magique pour lutter contre le stress qui dure.
- Un dernier conseil pour couper le cou au stress du dimanche : écrivez sur un papier ce qui vous angoisse, mais aussi ce que vous avez envisagé comme solution/plan B, etc. **Symboliquement vous aurez dédramatisé le problème en l'enfermant sur une feuille de papier.**

– Endormez-vous le dimanche soir en vous répétant « tel problème trouvera sa solution très vite ». Ça vous apaisera, et en plus pendant que vous dormez, votre inconscient travaillera – ne vous étonnez pas si dans la matinée du lendemain, il vous vient une bonne idée ou une solution.

Lorsque vous arrivez, peu à peu, de plus en plus, à vous libérer de l'emprise de vos pensées qui tournent à vide, ce qui vous parasite (comme le stress) disparaît. Vous vous autorisez ainsi à devenir hyper conscient de votre environnement donc plus clairvoyant et calme, et plus créatif… Les idées, les solutions, les constats utiles, vous viennent plus facilement.

Le réflexe méditation, pour lâcher prise et vous recentrer

À plusieurs reprises, et notamment en cas de stress, je vous ai suggéré de faire une pause, de respirer, de vous poser. Ce sont des microméditations. Essayez quelques minutes par jour, voire pour une petite pause de trente secondes en commençant un DST – ou dans un bus. Vous voyez que je ne parle pas de faire le yogi en haut de sa montagne, même si une petite retraite d'un week-end en silence et sans smartphone ferait le plus grand bien à tout le monde.

LES BIENFAITS IMMÉDIATS DE LA MÉDITATION :

– Ça permet à votre cerveau de se reposer, de faire un « *reset* ».

– Ça coupe le stress.

– C'est propice à la concentration et ça vous rend magiquement efficace.

– Ça aide à mieux retenir et se souvenir de ce qu'on lit.
– Ça aide aussi à prendre du recul, ça apaise et procure de la sérénité.

Je continue ? Les impacts positifs de la méditation ont été démontrés scientifiquement, par exemple pour le renforcement de l'immunité, la capacité à se remettre des chocs, le traitement de la dépression… La « méditation de pleine conscience » (« *mindfulness* » en anglais)[1] est un outil dont vous avez réellement besoin et qui vous servira toute votre vie, c'est donc un crime de ne pas vous la conseiller. En plus comme la méditation entre peu à peu dans certaines écoles primaires, vous risquez de vous faire donner des leçons sur le sujet par votre petit cousin de 6 ans…

EN PRATIQUE

Deux minutes pour essayer la méditation

– Asseyez-vous (dos droit, au calme, les yeux fermés). Essayez de bloquer le cours de vos pensées.
– Concentrez-vous sur votre respiration, ou tour à tour sur toutes les parties de votre corps, soyez conscient et attentif à votre cœur qui bat, à vos sensations, aux bruits qui vous entourent.
– Vous allez voir qu'au bout d'une poignée de secondes, hop ! la voix dans votre tête (le mental) recommence à monologuer, et à vous faire défiler dans la tête les angoisses, des rêves, les devoirs à faire… C'est normal !

[1] La méditation de pleine conscience est une pratique spirituelle issue du bouddhisme, qui consiste à se vider l'esprit et essayer d'être présent à soi-même. Ça a l'air ennuyeux comme ça, mais c'est top en fait.

- Quand les pensées reviennent (ce qu'elles font 678 fois par séance), laissez-les passer « comme des nuages » et recommencez à faire le vide.
- Normalement, au bout d'une minute vous allez ressentir une envie de bâiller, de vous étirer. Un effet relaxant. **Vous allez reprendre le cours de votre journée avec une sensation étonnante de bien-être.**
- C'est comme si vous vous muscliez l'esprit, en lui faisant faire l'exercice de prendre du recul par rapport à vos émotions et à vos pensées. Et ça, c'est très, très utile pour vous sentir bien au quotidien.

Je vous recommande des vidéos, des applis et un livre dans la bibliographie, p. 215.

Grâce à la méditation, pratiquée de manière un peu régulière ou en cas de besoin, vous vous créez du bien-être physique et psychologique, et vous stimulez votre créativité.

D. Si vous êtes vraiment, vraiment mal ?

Parfois vous n'allez pas bien du tout, vous n'y arrivez plus. Vous pensez que vous avez encore probablement cent ans devant vous, et pouvez être pris d'une bouffée de découragement. « Je n'aurai pas l'énergie. » Parce qu'effectivement la vie n'est pas pavée de fleurs et d'amusements. Alors à quoi bon (me diront certains d'entre vous qui n'ont pas la foi religieuse chevillée au corps) ? Eh bien puisque vous êtes là, sachez qu'on peut apprendre le bonheur, au quotidien. Vous allez surmonter (parfois avec de l'aide) votre déprime, et créer votre bien-être.

Comme l'écrit le psychiatre David Gourion, la fin de l'adolescence est une période charnière pendant laquelle on vous demande de vous adapter à une vie sociale et affective qui devient beaucoup plus complexe. La pression, les attentes des parents qui ont « misé » sur vous deviennent fortes. Une multitude de facteurs, situation familiale, habitudes de vie (manque de sommeil, drogues, alcool...), solitude, terrain génétique, peuvent créer des risques de troubles psychiques. Les adultes, parents et profs, peuvent ne pas prendre ces facteurs en compte.

Quand on atteint une zone de mal-être et d'angoisse importante, on est dans une « pathologie » (une maladie). Le plus dangereux, lorsque l'on est déprimé, voire en dépression, est que **cet abattement s'accompagne de la sensation qu'on ne s'en sortira jamais**, que cela va durer, et qu'on n'aura jamais l'énergie pour affronter la vie. Or **cette sensation que finalement « la vie ça pue », fait intégralement partie de la dépression**. Elle n'est pas la réalité, mais un mirage qui peut emmener vers le précipice.

Tirez alors la sonnette d'alarme et sachez qu'une bonne prise en charge vous sortira des sables mouvants dans lesquels vous vous trouvez. Il y a pour vous aider à guérir des psychiatres géniaux, humains, *smart* et modernes.

Expérience perso

J'ai eu de très sales moments à 20-25 ans, mais je défie quiconque ne m'a pas connue à cet âge-là de le deviner. J'ai fait une dépression à cause d'un *burn-out* (dans mon premier job). J'avais alors de terribles crises d'angoisse et « l'énergie, les capacités intellectuelles et motrices d'une personne de 90 ans en mauvaise santé », m'avait dit mon psychiatre pour me remonter le moral. Antidépresseurs + anxiolytiques, puis psychothérapie courte, d'un peu plus de six mois. J'ai eu la chance d'être suivie par d'excellents professionnels. Mais les crises d'angoisse, elles, ne partaient pas, jusqu'à ce que je découvre les principes de la méditation de pleine conscience *(mindfulness)*, avec des méthodes de visualisation positive. Je me visualisais laissant mes crises d'angoisse et mon mal-être derrière moi, et j'allais vers un avenir heureux et paisible. J'ai fait de la sophrologie, j'ai commencé le yoga, pas toujours régulièrement. En tout cas les crises d'angoisse ne sont plus jamais revenues, un petit miracle. Un exemple personnel qui peut résonner chez certains d'entre vous.

EN RÉSUMÉ

Pour vous créer du bonheur au quotidien :

– Prenez soin de vous, entretenez votre corps et faites du bien à votre cerveau, rappelez-vous que c'est votre véhicule pour cent ans au moins.
– **Le bonheur, c'est simplement être bien dans son instant présent. C'est une sensation qui s'entretient.**
– Si votre « instant présent », c'est de stresser pour un exam ou la semaine à venir, pour une mauvaise nouvelle, ou si vous êtes sur la chaise du dentiste : alors relaxez-vous avec une technique de méditation pour arrêter le mental et passez à autre chose (ou juste lâchez prise si vous êtes sur la chaise du dentiste...).
– Gardez toujours à l'esprit que **quand vous êtes déprimé et sans énergie, en fait c'est un ressenti**. Ça n'est pas une réalité.
– Du coup si vous vous sentez mal, faites le lien avec un coup de fatigue, un rhume qui vous affaiblit, avec le fait qu'on est dimanche après-midi, etc. **Bref, acceptez votre coup de mou, et décidez que c'est physiologique ou reconnaissez que c'est votre mental qui vous joue des tours.**
– Prenez le temps de « sortir de vous-même » pour vous préoccuper des autres, vous absorber dans la contemplation de quelque chose de beau, rire, inspirer l'air pur...

TROIS QUESTIONS AU PSYCHIATRE DAVID GOURION

1. Quand vous conseillez à vos jeunes patient(e)s en dépression ou avec d'autres pathologies psychiques d'arrêter la drogue, l'alcool, l'abus de smartphone, de se coucher plus tôt et de faire du sport : partent-ils en courant de votre cabinet ?

Le secret c'est de partir de leurs motivations à eux, pas des nôtres. Un ado n'arrêtera pas une addiction juste pour rassurer ses parents, quel que soit le niveau d'inquiétude de ces derniers. Il le fera s'il y voit son intérêt : qu'est-ce que j'ai à gagner à ne plus prendre de cannabis ou à arrêter de jouer toute la journée sur l'ordinateur ? Pour cela, il faut savoir ce que l'ado recherche dans cette addiction : à se faire plaisir ? à lutter contre l'ennui ? à oublier ses problèmes et les tensions familiales ? Il faut explorer avec lui l'impact de cette addiction : fatigue, manque de concentration, isolement... Et partant de là, on peut établir un plan (on appelle cela une stratégie motivationnelle) qui va lui permettre d'atteindre des objectifs qui ont du sens pour lui (par exemple reprendre un sport, obtenir le bac, se faire des amis...) et pour lesquels il sera prêt à consentir à un effort. Donc il ne faut pas partir de ce que nous pensons bon pour lui (dans une démarche descendante), mais définir avec lui ce qui est bon pour lui, dans une démarche collaboratrice. Et en faisant comme cela, on y arrive plus souvent et plus facilement !

2. Vous dites parfois que le système scolaire français écrase les enfants en les enterrant sous le travail. Alors que dans d'autres pays comme le Canada ou les États-Unis, on oriente le primaire et collège en priorité sur le développement de l'estime de soi. Du coup, quand on est jeune et en France, comment s'en sortir malgré le système ?

En Amérique du Nord, quand un petit enfant fait un gribouillis, la maîtresse s'exclame avec un grand sourire « *amazing!* ». En France, c'est l'inverse : la litanie permanente est « peut mieux faire ». Notre système scolaire ne fonctionne plus, on le voit bien, avec la multiplication de plans gouvernementaux. Aujourd'hui le ministère de l'Éducation nationale en vient à faire appel – enfin ! – à des spécialistes des neurosciences comme le professeur Stanislas Dehaene pour optimiser l'apprentissage.

Dans le cerveau, il ne faut pas oublier que la base de la mémoire n'est pas uniquement factuelle mais aussi et surtout émotionnelle : la trace d'un apprentissage demeurera d'autant plus longtemps dans nos circuits neuronaux, que ce dernier aura été associé à des émotions positives. Il faut donc bien comprendre que la clef de l'apprentissage, c'est le plaisir qu'on y prend. Ce plaisir de la découverte, c'est-à-dire la curiosité intellectuelle, se cultive chez un jeune en le renforçant positivement, c'est-à-dire en l'encourageant et en le gratifiant. Pas en le punissant avec des mauvaises notes ou en le stressant avec des « peut mieux faire » !

3. Les jeunes d'aujourd'hui s'attendent à un avenir plus difficile que leurs parents, donc plus de compétition, d'heures de travail et de précarité. Vu ce tableau pas rassurant, que leur dites-vous pour guérir leurs angoisses et leurs dépressions ?

Qu'ils vont vivre une époque formidable, évidemment ! Et que c'est à eux de la construire. Qu'ils vont devoir s'adapter et se préparer à accueillir les progrès des nouvelles technologies notamment dans le domaine de l'informatique avec l'intelligence artificielle, de la médecine avec l'allongement de la durée et surtout de la qualité de vie, ou des neurosciences qui vont bouleverser le rapport au savoir et à la communication. Cela sera un vrai défi quand on estime que dans dix-quinze ans, plus de la moitié des métiers actuels auront disparu. Les jeunes ont d'ores et déjà intérêt à faire les bons choix d'études en anticipant les contours des métiers de demain. Ils vont devoir aussi apprendre à faire les bons choix de vie, éviter les pièges de la course permanente et sans fin aux objectifs – le piège de leurs aînés, c'est-à-dire nous ! –, apprendre à gérer leur stress avec les outils efficaces qui existent (par exemple le *mindfulness*), mais aussi apprendre à vivre tout court (sans oublier qu'une bonne hygiène de vie est un préalable indispensable au fait de réaliser tout son potentiel).

Et pour paraphraser Rabelais, comme « science sans conscience n'est que ruine de l'âme », ils auront le challenge passionnant de devoir réinventer ensemble un nouveau modèle de société, dans lequel l'Homme (et non les technosciences ou l'économie) demeurera au centre des préoccupations dans une société juste et harmonieuse. C'est tout le bien que je leur souhaite !

9 SOIGNEZ VOTRE IMAGE ET VOS RELATIONS

Pour conclure cet ouvrage de *life coaching*, je vous propose de considérer un moment la gestion de vos relations sociales et de votre image. En adoptant une certaine attitude vis-à-vis de vos semblables et du monde, vous contribuerez en plus à insuffler de la justice, de la bienveillance et de l'équité autour de vous.

A. Les réseaux sociaux, c'est sympa mais c'est une grosse contrainte

Amis jeunes, vous devez entretenir votre image vis-à-vis de vos pairs[1] comme le lait sur le feu, tellement plus que nous il y a vingt ans ! Vous vivez avec les réseaux sociaux, dans une caisse de résonance permanente, avec votre smartphone greffé au derrière.

[1] Vos pairs = vos égaux (en anglais, *peers*). Quand vous êtes jeune ce sont vos camarades de lycée et vos amis. Et les amis de vos amis sur les réseaux sociaux.

Retour vers le passé adolescent

Par rapport à mes 15 ans, votre quotidien est abyssalement différent. J'aimerais donner une ou deux petites illustrations pour que vous visualisiez bien la différence. À quoi ressemblait notre dimanche quand on avait 15 ans ? Un dimanche après-midi en première, où on prenait des cafés avec nos potes, et on n'avait déjà pas trop bossé le samedi. Pas de smartphone, et même pas de mini Nokia de mamie.

Le dimanche après-midi, si on voulait voir plusieurs personnes différentes à la suite les unes des autres, il fallait organiser ça en minutant l'agenda. 14 heures avec Julien et Caroline au Whistler, puis 15 h 30 avec la bande de Mohamed et Sacha à la Rotonde. Et pour finir, 18 heures au Tuil's avec ma pote Camille, seules, parce que c'est là que traînait la bande de Benjamin et Fred, les BG organisateurs de soirées. On « traînait » autour d'un café pendant que le gérant se demandait quand on allait déguerpir, vu qu'on avait payé une tasse de café pour trois personnes. Je suis sûre que ça, c'est encore pareil aujourd'hui...

Comme on n'avait pas de mobile, si quelque chose ne se passait pas comme prévu dans l'agenda du jour, on ratait les rendez-vous. Et il fallait être super précis géographiquement pour fixer les points de rencontre ! Sinon vous pouviez manquer vos amis en vous cherchant à cent mètres les uns les autres. En 1995 je suis allée chercher une amie au lycée dans une rue minuscule, et on ne s'est jamais retrouvées. On est en 2019 et Clémence continue à me jurer qu'elle ne m'avait pas posé de lapin.

Mais vous voyez l'avantage : c'était beaucoup plus facile d'inventer un bon pipeau si vous vouliez éviter quelqu'un.

Maintenant il faut non seulement dire qu'on avait mal compris le rendez-vous, mais en plus éteindre son portable, prétendre ensuite qu'on l'avait oublié/qu'on n'avait plus de batterie, etc.

Retour à notre monde d'aujourd'hui : vous n'avez pas besoin de prévoir qui vous voyez le dimanche, pas besoin de penser à l'avance. Rien à organiser. En plus vous claquez dans les doigts et vous avez l'info sur votre *crush*[1]. Il y a tout sur Instagram and co. Le problème, c'est que l'image qu'on s'efforce de donner sur ces réseaux demande un travail d'embellissement énorme. C'est un jeu de rôles géant qui vous épuise souvent et vous donne l'impression que c'est beaucoup mieux chez les autres.

● La pression sociale de l'hyperconnexion

Aujourd'hui, vous avez une pression sociale monstrueuse. Il faut être actif sur ces réseaux sociaux, montrer qu'on s'amuse, qu'on est drôle, qu'on a des amis, envoyer des vannes sans s'en prendre en retour, et se mettre en scène comme seules les célébrités le faisaient à mon époque. C'est beaucoup plus de pression pour vous qu'il y a vingt ans – quelle fatigue, non ?

En plus, l'écran de votre smartphone fait paraître les autres beaucoup plus beaux, riches et populaires qu'ils ne le sont et ça vous déprime. Pour couronner le tout, l'information instantanée vous expose en permanence à de la violence sans filtre, du négatif très exagéré, de l'agressivité encouragée par l'anonymat. En plus même quand vous êtes tenté de décrocher,

[1] Personne sur laquelle on craque, pour les moins jeunes qui me lisent.

la fameuse « FOMO[1] », la peur de rater quelque chose, vous dissuade de faire une pause. Au bout du compte, ces outils géniaux pour vous faciliter la vie et communiquer vous rendent en même temps très vulnérable.

Quand on y réfléchit, vous avez beaucoup moins d'interactions sociales en chair et en os que par écrans interposés, donc par le biais d'un filtre déformant. Vous évoluez au sein d'un « être collectif » virtuel auquel vous êtes parfois fortement lié émotionnellement et qui peut vous ignorer, voire se retourner soudain contre vous.

Soyez bien conscient de ce phénomène de dédoublement réel/virtuel. Si le virtuel prend trop de place dans votre vie, ça crée des **risques pour votre équilibre et pour votre bien-être psychologique.**

Attention aussi aux effets secondaires de l'hyperconnexion sur votre cerveau : quand on interrompt sans arrêt le cours de ce qu'on fait pour lire son smartphone, prendre une photo, répondre à ses SMS, **on abîme sa capacité d'attention et de mémorisation** et de réflexion sur un sujet complexe. On augmente aussi son anxiété. Pour utiliser une image, c'est un peu comme si vous vous transformiez en écran de télé, juste bon à recevoir les infos (courtes de préférence) et à les repartager dans votre communauté, sans capacité à vous former votre propre opinion par une analyse personnelle.

[1] *Fear Of Missing Out.*

Conseils pratiques

Prenez du recul sans vous mettre sur la touche.

- **Réduisez l'utilisation de votre smartphone pour libérer du temps « nourrissant ».** En vérité, à passer quinze heures par semaine sur Internet[1], vous perdez un temps précieux qui pourrait être employé à créer, lire, faire du sport, apprendre des choses top, et voir vos amis « en vrai ».
- **Prenez du recul sur tout ce que vous voyez sur les réseaux.** Vous trouvez que votre vie est naze en regardant les Insta and co des autres ? Bon truc – rappelez-vous les trésors d'inventivité que vous déployez, vous, pour apparaître sous votre meilleur jour. **Dites-vous bien que les autres y passent un temps fou et se prennent la tête aussi.** Et les plus impressionnants sur Insta sont peut-être ceux qui y dédient leur vie entière. Jetez un œil aux articles et vidéos sur les « Instagram Husbands », ces malheureux qui sont maqués/mariés à une *Instagram celebrity*, condamnés à tout prendre en photo tout le temps[2], et à s'arrêter de vivre dès qu'un truc cool arrive, parce que la priorité est aux *followers*.
- Vous vivez un moment cool/beau, etc. ? **Retenez-vous de sortir le smartphone tout de suite. Profitez de l'instant présent.** Ne faites pas comme ces gens qui filment une aurore boréale ou une rencontre fortuite avec un animal sauvage au lieu de vivre le moment magique (ou de partir en courant). Profitez du meilleur pour vous-même. Ensuite, vous pourrez partager. Et si l'instant passe trop rapidement pour shooter,

[1] Selon l'étude Ipsos "Junior Connect'" 2017 reprise par Slate.fr.
[2] Voir Kombini ou Golden Moustache.

tant pis, le plus important c'est votre expérience. L'événement n'est pas une belle photo ou vidéo, c'est ce que vous vivez.

- **Développez vos amitiés individuelles. Créez-vous des moments en petit comité avec des amis**. On le verra plus bas – quand on est en groupe (en présence ou via les réseaux), il y a souvent des phénomènes de « bande » qui changent les rapports entre les gens. À l'inverse, les relations amicales individuelles apportent un niveau d'échange bien plus profond, de débat calme sans partir en sucette quand on n'est pas d'accord. Vous tissez des liens personnels, et quand vous aurez besoin de soutien et de présence, ces amis seront là pour vous.
- **Accordez-vous des temps de déconnexion juste pour vous.** Mettez votre téléphone sur « ne pas déranger » quand vous êtes en train de travailler sur un sujet, de lire un livre, ou de parler avec quelqu'un. Vous musclerez votre capacité de concentration et de « pensée en autonomie ».
- **Déconnectez aussi quand vous êtes avec des amis (et surtout à table).** Rangez le smartphone pour profiter de ces instants. Ces tables de cafés pleines de jeunes tous rivés sur leur écran de smartphone, c'est triste. Remarquez, on voit aussi ça chez des couples et des familles entières...
- **Privilégiez les vraies rencontres, les discussions de machine à café, les débats d'idées – les relations en chair et en os.** Dans les universités, les lycées, il y a des groupes Snapchat et Facebook par classe et par filière. Avant même de rencontrer les gens en vrai, on les rencontre « collectivement » et virtuellement. Ça crée des biais et des *a priori*, mais aussi une certaine curiosité, et il ne tient qu'à vous d'aller découvrir ces personnes « en vrai » en les abordant face à face.

– **Sur les réseaux, postez moins mais plus qualitatif**. Ça vous mangera moins la vie, et ça enverra le message que quand vous postez, ça vaut le coup. Par conséquent quand vous ne postez pas, ça ne voudra pas dire que vous ne faites rien de valable. Vous enverrez ainsi subtilement le message que vous n'avez pas besoin à chaque instant de « reconnaissance digitale ».

Les réseaux sociaux sont un outil incroyable pour faciliter votre quotidien et pimenter vos journées, mais il faut privilégier votre vraie vie et les moments réels qu'elle vous offre. Tant mieux si vous en retirez de belles photos.

B. Des recettes de grand-mère infaillibles pour soigner son image

Quelle règle appliquer, me direz-vous ? Comment savoir si je suis trop visible sur Insta, si je suis trop agressif, comment garder le recul suffisant ? Je vous proposerais bien un ou deux principes ancestraux, époussetés pour coller au XXIe siècle.

Commençons par la bienveillance, cette valeur si prisée il y a quelques dizaines d'années, et qui a presque disparu du paysage. La bienveillance fait partie des qualités qui vous aideront à vous forger une image, un charisme, une personnalité positive, qui attireront les autres vers vous pour de bonnes raisons.

● Ne soyez pas méchant

Attaquer ou troller, casser quelqu'un et lui faire de la peine pour se faire mousser ou pour suivre un mouvement, ça peut vite devenir dangereux. L'audience est très large sur Internet, donc on risque en plus de créer un phénomène de mode, et d'encourager l'acharnement sur la même personne. Il n'est jamais acceptable de profiter du malheur des autres pour votre gloire personnelle – ça ne renforce pas votre charisme. On entend souvent que seuls les durs, les bulldozers réussissent, mais c'est faux : ils se créent un univers violent, et à la moindre de leurs faiblesses, paf ! ils y passent à leur tour. En anglais, on dit « *It will come-back and bite you in the ass*[1] ».

Dans un groupe, un fonctionnement par la vanne peut rapidement s'installer. Concours d'humour, et en général ce sont souvent les mêmes qui en sont victimes et les mêmes anecdotes qui reviennent encore et encore. Walter chope des boudins en fin de soirée, Rachel a de trèèèèès gros seins, Ethan se prend râteau sur râteau, Lucius est un psychopathe, Graziella se tape la terre entière. Tout cela tourne en boucle et vous crée une image que vous vous traînez encore des années après. Ça peut gâcher pas mal de choses, et rendre malheureux, durablement.

Essayez la gentillesse. Ça n'empêche pas d'être drôle

Garder pour soi quelque chose d'embarrassant ou de confidentiel, ne pas raconter à ses amis qu'on a « friendzoné » quelqu'un qui vous a déclaré sa flamme... Rendre service quand on le peut en portant une poussette ou une valise dans des espaces publics, tenir les portes, sourire aux gens, faire un peu de

[1] Littéralement : « Ça reviendra vous mordre les fesses. »

conversation, pousser spontanément ses affaires en classe/ amphi/dans le métro pour faire de la place au lieu de s'étaler, aborder quelqu'un qui a l'air triste... Au fond, tout cela revient à essayer d'être utile et de rendre plus cool la vie des autres, en investissant un peu d'énergie et de temps.

Faire preuve de bienveillance vous procure des avantages énormes. En essayant d'être (juste un peu) bienveillant dans votre vie de tous les jours, vous allez développer des qualités qui vous serviront dans toutes les circonstances (et énormément dans la vie professionnelle) : **l'empathie, le sens de la communication, le sens de la confidentialité. Et les gens vont vous aimer**.

Lorsque vous abordez votre entourage et vos projets avec empathie, cela vous permet de comprendre ce qui se passe autour de vous, et de vous y adapter. Vous devinez quand et quoi dire au bon moment pour toucher les gens... Vous comprenez à qui vous parlez, ce qu'attend un prof, ce qu'attendront plus tard un client ou un partenaire, et vous adaptez le mode de communication.

Essayez l'humilité : ne vous vantez pas lourdement

Alors là je mets direct les pieds dans le plat, parce que se valoriser sans nuance, c'est à peu près ce que tout le monde fait toute la journée sur certains réseaux sociaux. Je suis dans un endroit qui fait classe, j'ai l'air d'être dans un groupe de potes qui fait la fête, je trouve que j'ai de belles fesses, etc., donc je l'affiche sur Instagram.

L'engrenage de la course aux « *like* »

Je poste et j'attends les *likes*. Ceux qui voient la photo « étalage » se sentent un peu obligés de *liker* sinon ça fait jaloux – et la prochaine fois le *liké likera*. On entre dans un engrenage un peu malsain où le *like* devient une monnaie d'échange. Là aussi, quelle fatigue !

Je mets en bibliographie p. 222 un épisode de la série Netflix d'anticipation *Black Mirror*, qui calme bien sur le sujet…

Imaginez un instant que vous soyez plus discret sur votre vie

Votre but est peut-être de devenir les Kardashian ou une star d'Instagram – un plan de carrière que je respecte totalement. Pour les autres, je vous propose de créer un peu de mystère. Le mystère, c'est l'objet/la personne qui est encore « fermé(e) »[1], dont on n'a pas fait le tour car il/elle ne se révèle pas, et qui donne donc encore envie de l'explorer, de s'y intéresser, de le/la découvrir.

Or ce qui arrive fréquemment, c'est que vous mettez trop de choses en ligne, ou que vous vous vantez de manière plus ou moins évidente. Au lieu de vous valoriser, ça envoie surtout le message que vous avez besoin du regard et de l'approbation des autres. **Pour résumer, vous vous mettez en situation de faiblesse en postant un *selfie* de vous dans un cadre privilégié, et en vous mettant exagérément en valeur.** Voyez à quel point les *Rich Kids of Instagram* sont ridicules.

[1] C'est ce que ça veut dire, littéralement, en grec – de rien pour votre prochain oral de philo !

Ça vaut pour tout, vacances sympas, photo sur terrasse, belle gueule/belles jambes/belles fringues, oncle ou amie célèbre, moment dans un endroit à la mode, voiture de vos parents, plus tard grande école où vous avez fait vos études... Simplifions en appelant tout ça en vrac le *name dropping*[1].

Mais donc me direz-vous, comment faire si vous avez un scoop fou et starisant sur vous-même et que vous brûlez de le partager sur Insta ? Et quoi poster, alors ?

– **Ne postez pas vous-même la photo/le *selfie* – vous aurez bien un pote dévoué qui fera ça pour vous !** Voilà qui est nettement plus valorisant[2] et moins agaçant ! Pour prendre un exemple, c'est toute la différence entre crier sur les toits : « Eh les gars je suis la fille du beau-frère de Lily-Rose Depp !! », et vouloir rester discret sur votre amitié profonde avec Lily-Rose Depp, mais les paparazzis vous ont grillé.

– **La surexposition de votre vie sur Internet présente aussi de réels dangers.** Si tout le monde peut tout lire de votre vie privée, de ce que vous aimez, vos rêves et dadas, vous vous rendez vulnérable aux gens mal intentionnés. Pensez-y avant d'étaler trop de détails.

– **Postez et partagez aussi des images et articles intéressants/drôles/émouvants**, qui ne vous concernent pas directement, vous. En plus de créer un bon moment pour votre entourage, c'est quand même plus amusant qu'une photo de vous au réveil.

[1] Attitude qui consiste à faire savoir qu'on connaît telle personne célèbre, riche, qu'on est intime avec Untel, etc., en « laissant tomber » leur nom dans les conversations.

[2] Certains darons protesteront car je passe du temps sur des thèmes qui ne sont pas hautement moraux. Mais ça marche comme ça dans la vie, et avoir une image un peu « prestige » peut nous rendre l'existence plus agréable. Ne soyons pas faux cul.

Cultivez un certain détachement

Ceux d'entre vous qui se «prennent la tête» dans leurs relations sociales et amoureuses rencontrent le même problème: avoir trop besoin des autres et le montrer. Ça se ressent et ça joue sur votre image. Du coup, si un crush ou un ami potentiels sentent que vous êtes trop intéressés, elle/il vous considérera (même inconsciemment) comme à sa disposition donc moins intéressant.

Après la bienveillance et l'entretien du mystère, voici une recette de grand-mère que je trouve souvent vérifiée: **Je te fuis, tu me suis (et fatalement, je te suis, tu me fuis)**.

Incursion dans les relations amoureuses

Commençons par examiner un instant les relations amoureuses, car c'est dans ce domaine que l'expression «je te fuis...» est née. En plus il se trouve que ce sujet occupe pas mal de vos pensées, et influe sur vos rapports avec le groupe et votre «image de marque».

Comment gérer la grosse envie de faire une décla «genou à terre»?

Il n'y a évidemment pas de règle définie en amour, et j'essaie de ne pas généraliser, mais je vais quand même esquisser pour vous un beau schéma des «routes sentimentales».

Une histoire sentimentale peut se concrétiser en avançant «naturellement», par un rapprochement mutuel. Ou alors ça ne va nulle part, soit parce qu'un des acteurs était intéressé mais – ne sentant pas la réciproque ou étant trop timide – il s'est abstenu, soit parce qu'il s'est jeté à l'eau et a fait une avance qui a été rejetée *(friendzonage)*.

Intéressons-nous au cas qui peut poser problème, la non-concrétisation avec *friendzonage*.

Si vous vous faites éconduire après **une vraie grosse déclaration transie, ça peut vous faire beaucoup de mal.** En plus, statistiquement vous n'aviez quasiment aucune chance de succès car si ça avait roulé tout seul vous n'auriez pas eu besoin de faire une vraie grosse déclaration d'amour.

Voici donc quelques conseils d'approche pour éviter la situation « grosse décla transie ».

Si une personne s'intéresse à vous, sauf cas de timidité extrême chez l'un des deux, elle n'aura pas besoin d'une grosse décla surprise pour se rendre compte que vous êtes dans les mêmes dispositions : « Ah mais oui dis, il est mignon lui, je ne l'avais pas remarqué ces six derniers mois, alors qu'il était dans ma classe »... ? non. *It does not happen.*

Si quelqu'un vous plaît, envoyez des signaux assez rapidement, sans attendre de vous retrouver en mode mandoline sous le balcon. Allez-y dans un esprit vraiment détaché, parce que les petits râteaux qu'on prend avec humour, ça évite que vous vous transformiez en *stalker* et statistiquement ça peut carrément marcher.

Rappelez-vous que 90 % des belles histoires ont commencé par une chope banale (dans les 10 % restants, c'était le coup de foudre hollywoodien)[1].

[1] Statistique maison, peu fiable mais qui illustre bien...

Si c'est trop dur de résister :

Résistez. Même si vous craquez 3 fois sur 5, c'est déjà 2 boulettes en moins qui viendront rabaisser votre estime de vous-même.

Parlez-en avec vos potes, faites des historiques sur les « vraies grosses déclas » qui ont réussi, vous verrez. En plus c'est toujours amusant comme discussion.

J'insiste encore une fois : grosse différence entre le râteau que vous pouvez prendre en faisant une tentative détendue relax (ambiance « *I find you attractive but I don't really give a shit* »), et la déclaration d'amour transie.

Quand on décline **« je te fuis tu me suis » dans les relations avec votre groupe d'amis**, il y a plein d'idées à appliquer pour être et avoir l'air vraiment bien dans ses baskets.

- Soyez détendu, agissez autant que possible comme si ce que les autres pensent de vous n'est pas du tout primordial.
- L'idée à faire passer : j'adore être avec vous, **mais je n'ai besoin de personne pour me sentir bien.** Je garantis qu'à la longue vous allez vous convaincre vous-même aussi.
- **N'ayez pas l'air au bord du suicide si un événement s'organise sans vous.** On ne peut pas toujours être 15 autour d'une table. Grande princesse, vous organisez une contre-soirée hyper cool.
- **Soyez force de proposition pour des plans sympas**, sans attendre le mouvement de groupe. Promenade, visite d'un lieu insolite, d'une expo de photos, essai d'un sport, théâtre, *stand up comedy* drôle… Garanti 100 % réussi : on retire toujours quelque chose de ce genre de moments. Ça vous enrichit, vous aère le cerveau, et vous fait voir du monde.

– Pour vous détendre face aux « mieux que vous » : **sachez repérer les faux cools**. Le faux cool, c'est celui qui va rechercher la popularité, et vouloir être le leader du groupe en étant dans la séduction amoureuse ou amicale. Celui-là au fond a un gros besoin d'attention.

Globalement, ce qui est merveilleux quand on commence à faire du bien à son image, c'est qu'on crée un cercle vertueux. Les autres vous renvoient un reflet plus flatteur de vous, donc vous acceptez cette amélioration, vous êtes plus serein, plus sûr de vous, donc moins en manque de preuves d'amour par les autres, et ainsi de suite...

C. Comment se rattraper quand on a une image pas terrible ?

Il se peut que votre groupe de potes génère des histoires rocambolesques et des anecdotes croustillantes sur vous. Au début vous trouverez ça agréable, puisque tout le monde s'occupe de vous quand ils vous vannent et passent du temps sur le sujet « vous ». « Walter a encore fait la voiture-balai en chopant la pire nana de la soirée à 5 heures du mat' », « Davina s'est encore pris un 2 en maths, le prof a dit qu'il y avait du progrès », etc. À la longue, vous risquez de finir avec des traits de caractère grossièrement exagérés par les gens et pas flatteurs, qui vous poursuivent.

Le problème ? Même quand vous serez vraiment intéressé par quelqu'un, ou que vous essaierez de passer à autre chose, votre image vous rattrapera. Prenez Walter : on l'a tous vu essayer de discuter avec une jolie fille, la draguer pendant une soirée. Trois minutes plus tard il se retrouve cerné par une bande de gros lourds qui viennent lui ruiner ses chances en mimant une roulade de pelle, ou en indiquant à la jeune fille qu'en général Walter pêche au gros en fin de soirée.

Le pauvre Walter pourrait se retrouver cinq ans plus tard au même point, avec une image de loseur de la chope.

Que faire si vous avez déjà une mauvaise image ?

Si vous lisez ces lignes et que vous avez déjà un problème, **sachez qu'il est très difficile de changer les perceptions en restant immergé dans le même groupe**. La dynamique collective crée une résistance au changement, et les jugements sont coriaces dans « l'esprit collectif ».

- **Dans votre groupe, confiez-vous à un ou deux potes de confiance**, qui seront chargés de **dire aux autres avec tact** d'arrêter de vous saouler avec les vieilles vannes.
- **Si vous le pouvez, tentez de rencontrer d'autres amis, peut-être d'autres groupes ici et là.** Allez vers des gens qui ne connaissent pas votre réputation, et avec qui vous ne ferez pas les mêmes erreurs de communication. Vous verrez sans doute rapidement à quel point, avec les nouveaux, vous vous sentirez apaisé et neuf, baigné dans la bienveillance.
- Quand vous repasserez du temps dans l'ancien groupe en revanche, il y a fort à parier que vous serez écœuré par les vieilles vannes qui tournent en boucle, et que ça vous donnera encore plus envie de passer à autre chose.

- Avec les gens de votre groupe de potes initial, testez les sorties en *one-to-one*, ou en petit comité. Ça réduit les vannes « pour amuser la galerie », et en encourageant les discussions intéressantes, ça crée des liens plus vrais.
- Sans doute, vous verrez naturellement moins certains anciens potes – par choix.

Harcèlement scolaire – Soyons tous vigilants

Comme nous parlons réputation et bien-être au sein de la communauté de vos amis et pairs, je dirai quelques mots d'un sujet grave, le harcèlement entre élèves au lycée (ou *bullying* en anglais). Cela pourra vous donner du recul et des réflexes si vous en êtes témoin ou victime. Et peut-être que ça dissuadera un ou deux d'entre vous de déraper de la vanne vers quelque chose de plus grave.

Le harcèlement se définit comme une violence répétée qui peut être verbale, psychologique (insultes, messages injurieux, menaces) ou physique (coups, bousculades). Cette violence se retrouve au sein de l'école ou du lycée. Elle est le fait d'un ou de plusieurs élèves à l'encontre d'une victime isolée, qui ne peut se défendre.

Les harceleurs, leurs victimes et l'entourage : qui sont-ils ?

Des psychologues scandinaves et canadiens, entre les années 1970 et 2000, ont démontré plusieurs choses :

- d'une part les enfants que les parents ne punissent pas lorsqu'ils agressent, ceux qui ont des parents froids ou agressifs, et les enfants qui ont un tempérament « très actif et qui

s'énervent vite » avant 5 ans ont plus tendance à devenir des *bullies*[1] à l'école ;
- ensuite : les jeunes harceleurs scolaires connaissent souvent de grosses difficultés dans leur vie après le lycée. Les chercheurs ont constaté les difficultés d'intégration sociale et professionnelle que rencontraient ces jeunes une fois parvenus à l'âge adulte. Ils développent en effet plus facilement des conduites antisociales et ont plus de démêlés avec la justice[2].

La victime de *bullying* est souvent dans l'incapacité de réagir de manière assurée et adéquate. Elle manque fréquemment de confiance en elle, et a du mal à communiquer avec ses pairs ou les profs.

Lorsque le harcèlement se produit, certaines études montrent qu'un quart des « pairs » (**les autres élèves**) y participe, et une moitié reste passive mais regarde, ce qui renforce le comportement de l'agresseur et sa sensation de pouvoir. **Un petit quart des élèves essaie d'intervenir pour faire cesser les agressions.**

● Comment prévenir le harcèlement ?

Les spécialistes de la lutte contre le harcèlement à l'école et au lycée préconisent d'abord des programmes de sensibilisation de tous les acteurs : profs et surveillants, élèves, parents, pour créer un climat de respect et de sécurité. Pour que les comportements de harcèlement ne naissent pas.

[1] Des tyrans.
[2] Dan Olweus, *Harcèlement et brutalités entre élèves*, Paris, ESF, 1999.

Ils préconisent de travailler sur l'environnement dans les établissements, de donner des formations (profs – parents – élèves), de travailler à **développer l'empathie du groupe**, et enfin de poser des règles très claires pour interdire et sanctionner le *bullying*. Mettre en place un **petit groupe de veille** incluant des élèves référents (populaires ?) et des profs est aussi un pas important dans la prévention du phénomène. D'après ce que je lis, ça n'est malheureusement pas encore mis en œuvre en France de manière généralisée. Peut-être que si vous êtes sensibilisé, ça changera.

EN PRATIQUE

Réflexes et réaction

- **Que vous soyez potentiellement côté *bully* ou victime, parlez-en, réagissez, et appelez à l'aide.** C'est l'affaire de tout le monde.
- Faites du bruit pour vous et pour les autres – une alerte aux parents et profs, voire à la police, s'impose si vous constatez des faits graves.
- De manière préventive, vous pouvez aller voir vos profs, ou le directeur, pour demander s'ils ont mis des formations en place. Ça pourra les pousser à l'action.
- Vous êtes tous acteurs du climat dans votre classe. Une atmosphère de moquerie et d'agressivité, notamment dans les groupes Snapchat and co, peut très vite déraper vers le harcèlement et rendre certains de vos camarades insupportablement malheureux. Soyez vigilant, soyez là pour les autres, et sachez vous arrêter (ou faire arrêter les autres) à temps.

D. Altruisme et entraide

On y croit ou pas, mais les grandes religions et les philosophies se rejoignent toutes sur des principes de bonté et de bienveillance à l'égard de son prochain. **Finalement, un bienfait vous sera rendu, et une mauvaise action se paiera.** Appelez ça le karma, l'univers qui réagit, ou l'énergie que nous partageons tous dans le monde. Je trouve que cela se vérifie souvent (je ne comprends pas comment, mais je le constate). Et il n'y a pas de mal à vivre selon ce précepte, bien au contraire, ni pour soi ni pour les autres.

Si tout le monde décide de se comporter un peu correctement, de faire quelque chose pour son prochain, d'être bienveillant et agréable, forcément la société en deviendra moins dure. Parfois, à plusieurs petites vagues on crée un grand courant. Essayons ?

– Soyez spécialement attentif et poli avec les gens qui sont là pour nous rendre un service professionnel, et/ou que vous ne connaissez pas. C'est là qu'on est un être humain décent.

– En plus de rendre le monde plus agréable, les gentillesses gratuites procurent un sentiment immédiat de bien-être.

– Si quelqu'un empiète sur votre espace personnel, vous manque de respect, vous bouscule, vous refuse ou vous reproche quelque chose : tentez d'arranger les choses au lieu de vous emporter. Voir mes conseils pour rester cool avec un prof au chapitre VI, p. 99 – c'est transposable.

En étant zen on se crée du bon karma. À l'inverse, vous noterez que les Anglo-Saxons parlent de l'« instant karma » (le retour de bâton instantané) pour désigner la punition immédiate qui revient nous mordre lorsqu'on est méchant.

Pour illustrer, voici une anecdote assez symbolique de l'univers qui « vous le rend bien ». Richard Branson, le fondateur de Virgin Group, qui est notoirement un patron sympa, avait une émission de téléréalité dans laquelle il devait sélectionner parmi seize candidats celui qui serait capable de lui succéder à la tête de Virgin Group. Pendant le premier épisode, Richard Branson se déguisait en vieux chauffeur grabataire, pour aller chercher les candidats à l'aéroport. Si lecandidat le traitait mal, parce que ce n'était pas quelqu'un d'important pour lui, le candidat était viré. J'adore cette histoire.

Pour celles et ceux qui se sentent à l'aise dans une attitude bienveillante, sachez qu'il est possible d'aller jusqu'à donner de son temps, de soi-même, pour aider et pour former ceux qui en auraient besoin. Je vais ainsi évoquer plus loin les bénéfices incroyables de l'entraide scolaire !

Être engagé

On nous dit que les gens des jeunes générations ont le désir de changer les choses, d'inscrire leur vie professionnelle dans une dynamique positive et altruiste. On voit de plus en plus de jeunes se diriger vers le monde associatif ou les entreprises sociales et solidaires. C'est ce que fait l'entrepreneur social français Matthieu Dardaillon, qui a fondé la société Ticket for Change en 2014 en sortant de son école de commerce. Ticket for Change organise un tour de France annuel de dix jours à la rencontre de pionniers « inspirants », et propose un Mooc[1], un cours en ligne gratuit et accessible à tous, pour « inspirer le plus de monde possible ». Pour accompagner toutes les personnes qui veulent avoir un impact positif sur la société, mais qui ne savent pas par où commencer.

L'inspiration par l'exemple peut être décisive, car elle montre comment certains se sont lancés, et donne confiance. Je vais voler le mantra de Matthieu Dardaillon, qu'il a lui-même emprunté à Goethe : « Tout ce que tu peux faire ou rêver de faire, tu peux l'entreprendre. L'audace renferme en soi génie, pouvoir et magie. »

Je pense que ce mouvement actuel assez fort vers des activités à l'impact positif nous sauvera (nous tous). Je parle de toutes les formes de collaboration, d'action collective, de tous les modèles économiques qui reposent sur l'équilibre et le partage.

Même ceux qui vont passer leur vie dans des entreprises à but purement lucratif pourront goûter aux joies d'agir pour leur prochain (en coachant quelqu'un qui en a besoin, en s'occupant du comité d'entreprise, en se préoccupant d'un problème de qualité de vie au travail par exemple). Comme le dit Matthieu Ricard dans son livre *Plaidoyer pour l'altruisme*, qu'il s'agisse de l'économie, de l'environnement, de notre bien-être ou de nos relations aux autres, nous gagnerions tous à reconnaître et à cultiver l'altruisme.

[1] *Massive open online course.*

Regardez autour de vous

Même si vous avez l'impression de nager dans votre emploi du temps étudiant, il y a sûrement un **engagement d'entraide, léger mais régulier**, que vous pouvez prendre.

– Aider dans une association un soir par semaine ?

– Faire du tutorat à l'école ?

– Faire de la conversation avec des personnes arrivées récemment en France, quelques heures par semaine ?

J'ai un peu honte de présenter ça comme une manière de se faire du bien à soi-même, mais c'est l'heureuse réalité du « *win-win* » : ces moments « hors de vous-même » et dans le partage humain vous feront un bien fou.

E. Quelques éléments utiles sur les rapports garçons-filles

Nos sociétés ont beaucoup évolué vers l'équilibre hommes-femmes. Il se trouve même déjà des sociologues et des écrivains pour se demander si les hommes sont obsolètes. Pourtant de grosses inégalités subsistent entre les positions des hommes et des femmes, même dans le monde dit « développé » et démocratique. Le fameux plafond de verre[1] est toujours là,

[1] Limite invisible à la progression professionnelle des femmes, qui accèdent moins que les hommes aux postes à responsabilités, et sont moins payées. J'ai déjà entendu que les femmes françaises *millenials*, nées entre 1980 et 2000, se sentent moins concernées par le machisme ou le plafond de verre, mais il y aura sûrement quelques obstacles à surmonter ici et là.

et les femmes assurent encore (selon les études annuelles) la plupart des tâches domestiques dans le couple.

Rétablissons l'équilibre, pour que tout le monde soit plus heureux

Il est urgent de rétablir les égalités dans le couple et dans la société. Pour le bien de tout le monde. Il existe un nombre très important d'études qui montrent que dans les pays les plus égalitaires, dans les couples où les tâches sont partagées, dans les entreprises où les femmes ont des rôles et des salaires à la hauteur de ceux des hommes, **les gens des deux sexes sont plus heureux,** en meilleure santé, moins dépressifs, plus soucieux de l'environnement... **Bref le féminisme est excellent pour les femmes, mais aussi pour les hommes !**

Un exercice de réflexion pour les garçons

- Parmi vous, il y en a sans doute encore un ou deux qui ont le sentiment diffus que le pouvoir leur est dû naturellement... Commencez par vous demander pourquoi vous en êtes convaincu – observations factuelles ? culture familiale ?
- Ensuite, les mecs, ouvrez les yeux pour voir ce que les femmes vivent autour de vous, au quotidien. Vous verrez que « **le privilège est invisible à ceux qui le possèdent** ». Commencez à être attentif dans vos interactions avec les filles.
- Est-ce qu'on laisse les nanas s'exprimer sur des sujets « sérieux » en prenant vraiment leur avis en considération – ou est-ce qu'on leur coupe la parole ?
- Est-ce qu'on demande plus à vos sœurs/amies d'aider dans les tâches ménagères ?

On compte sur vous – en devenant attentif vous allez contribuer à créer du bonheur partagé.

Le carcan de la masculinité brute, ça frustre et c'est aussi très mauvais pour tout le monde.

Si, côté nanas, nous en sommes à cinquante ans de réflexion et de débats intenses sur le féminisme, côté mecs on se trouve face à une énigme : que signifie « être un homme » de nos jours ? J'adhère totalement à ce qu'a dit le comédien et auteur américain Michael Ian Black : **les mecs étouffent dans un système poussiéreux où « la virilité est mesurée par la force, où il n'y a pas moyen d'être vulnérable sans être émasculé[1], et où la masculinité consiste à avoir du pouvoir sur les autres ».**

Alors que ça doit être exactement l'inverse ! J'ai toujours été convaincue en observant autour de moi que les hommes les plus à l'aise avec leur masculinité, étaient heureux et fiers que leur nana/femme/mère de leurs enfants soit libre, intelligente, *successful*, drôle... et qu'elle exprime ses opinions sur tous les sujets !

Les hommes qui valent la peine qu'on s'intéresse à eux apprécient l'humour et l'indépendance chez une femme – en amour comme en amitié.

● Travaux pratiques pour les mecs – Acceptez vos « faiblesses »

– En gros, les mecs, il faut que vous vous convainquiez que les émotions, le respect, les moments de faiblesse et de déprime,

[1] Là, je laisse ceux qui ne connaissent pas le mot regarder tout seul la définition dans le dico.

ça n'est pas que pour les filles. Il faut pouvoir pleurer, accepter les échecs, les insécurités, les vulnérabilités, bref être humain. Pas uniquement avoir de gros muscles et ne rien montrer.

– Pour une raison ou une autre vous vous sentez déprimé ? vexé ? pas à la hauteur ? parlez-en à un pote proche.
– Vous trouvez mignonne cette vidéo de chien qui bizoute un canard ? laissez-vous fondre. Soyez vous-même et aimez-vous comme ça.
– Pourquoi est-ce que vous croyez que quand un mec promène un bébé ou un chiot, toutes les femmes l'arrêtent ? Parce que c'est attendrissant et attirant qu'il montre son côté doux.
– Après ces petites expérimentations, vous verrez que ni vos amies ni vos potes ne vous trouvent moins digne d'être aimé ou moins attirant. Mais vous vous sentirez plus en phase, plus compris.

Regardez le TED Talk de Justin Baldoni, un acteur mannequin américain : « Pourquoi j'en ai fini d'essayer d'être un vrai mec ». Drôle, émouvant, génial. Écoutez Eddy de Pretto, « Tu seras viril, mon kid »...

Mesdemoiselles, ne recherchez pas le macho viril qui protégera la faible princesse. Vous êtes fortes, vous avez exactement les mêmes aptitudes que les mecs, et c'est génial de pouvoir être là pour eux lorsqu'ils sont en difficulté ou qu'ils ont des faiblesses.

La neurobiologie pour en finir avec les clichés sur les différences de cerveau homme-femme

Les filles, parlons un peu de votre future carrière. La situation encore désavantagée de la femme dans le monde professionnel s'explique par le poids de l'histoire, mais elle illustre aussi les effets de la parole magique limitante.

Il a une culture qui fait plus confiance en général aux hommes, pour « prendre en main une situation, être présent et solide sur le long terme ». Il y a aussi parfois des cas extrêmes de machisme dans les rangs de certaines professions, par exemple dans l'armée, dans certaines usines, mais pas seulement. Essayez de compter combien de femmes chef d'orchestre il y a actuellement dans le monde. Et regardez le pourcentage de films réalisés par des femmes à Hollywood : 5 % en 2014...

Rappelons quelques bons vieux clichés sur les différences innées et biologiques :

– « Les hommes ont un sens de l'orientation de chasseurs, les femmes se repèrent merveilleusement bien dans un intérieur style cuisine (comme dans les grottes il y a cinquante mille ans). »

– « Les hommes sont bons en maths et les femmes empathiques. »

– « L'homme fait super bien un créneau en voiture et la femme conduit prudemment. »

Or, pour la faire courte : **les neurobiologistes montrent que les différences homme-femme dans le comportement et les capacités ne sont pas du tout innées, mais acquises, via**

l'éducation. C'est le résultat de la place que la société donne aux femmes.

Apprenez donc comment marche votre cerveau – Je vous invite à regarder ce que dit Catherine Vidal, neurobiologiste renommée. Cette scientifique nous explique que les parents éduquent les petites filles en les gardant plus à l'intérieur. Il y a une pression sociale, une « parole magique limitante » sur les filles. Quand on vous dit que les garçons sont scientifiques et les filles littéraires, c'est comme quand on vous dit depuis votre plus jeune âge que vous n'êtes pas l'artiste de la famille. **Ça marque l'inconscient, vous intégrez cette idée et vous vous y conformez.**

Mais rien n'est joué et tout se travaille ! Il y a une très grande plasticité du cerveau – c'est-à-dire que le cerveau est sculptable, en quelque sorte. En vous entraînant, vous développez une faculté, et l'on a vu plus haut que cela se traduit par des connexions neuronales modifiées. Exemple : quand quelqu'un arrive à jongler avec trois balles, on voit à l'IRM[1] que des zones précises de son cerveau (cortex) sont épaissies. S'il arrête de jongler pendant un mois, ces zones redeviennent normales.

● Les filles, effacez vos croyances limitantes infondées

Il faut refuser les limites qu'on met aux filles/femmes : pas téméraires/pas matheuses, etc.

[1] Imagerie par résonance magnétique. C'est un examen qui permet d'obtenir des vues en deux ou trois dimensions de l'intérieur du corps.

- Commencez par vous persuader du fait que **toute croyance négative que vous avez sur vos capacités est une croyance limitante sans aucune réalité**. Cette croyance doit être repérée et éradiquée.
- Je vous renvoie aussi aux exercices de type autosuggestion positive que j'ai abordés plus haut, au chapitre I.
- Argument imparable : « une telle est arrivée à monter un business génial, pourquoi pas moi ? » → **il n'existe aucune fatalité, aucun destin de la *lose* parce qu'on est une nana**.
- Regardez partout autour de vous, les femmes chefs d'État, ministres, boss de boîtes, entrepreneuses et scientifiques, directrices d'associations, artistes compositeurs, championnes, spationautes... Sans rechercher uniquement les stars, **soyez attentives aux exemples de femmes qui ont réussi** des choses qui vous paraissent difficiles.
- Si possible, demandez à rencontrer **des femmes « exemples »** et profitez de leur confraternité, de leurs conseils, et de mains tendues (via des associations, des stages).

Au fur et à mesure que des femmes pionnières y arrivent, elles ne s'entourent plus, comme souvent les hommes, uniquement d'hommes, pour les seconder et leur succéder.

Évidemment ça n'est pas encore totalement gagné. J'ai l'impression par exemple, qu'on attend beaucoup plus les femmes de pouvoir au tournant. Et lorsqu'elles trébuchent, ou que leurs résultats ne sont pas immédiats/parfaits, le couperet tombe. Les femmes *boss*, les femmes politiques, sont encore victimes d'un sexisme latent.

Mais c'est déjà **tellement mieux** qu'avant, continuons l'effort !

Mesdemoiselles, lancez-vous donc comme vos arrière-grands-mères !

Aujourd'hui, vous vous battez contre des idées reçues et votre manque de confiance en vous. Rappelez-vous toujours que vos (arrière-)grands-mères, elles, ont eu l'Everest à grimper.

Pour comprendre le chemin parcouru « par nos aînées », je vous invite à lire *Une chambre à soi* de Virginia Woolf. Elle l'a publié en 1929 et y évoque la première femme avocate, la première femme médecin, la première femme aviateur et les suffragettes[1] il y a plus de cent ans. Imaginez le courage (et la dose massive de confiance en elles) qu'il leur a fallu pour affronter l'armée de machos et toute la société qui considéraient que leur place était au foyer, et qu'une femme n'avait pas les mêmes capacités intellectuelles qu'un homme. **Alors là, on peut dire que la « parole magique limitante » n'avait pas eu de prise sur ces pionnières.**

Nous n'avons plus rien de si hostile à affronter[2], mais pas mal de femmes doutent et attendent quand même un peu souvent qu'on les reconnaisse et qu'on les promeuve[3].

[1] Militantes de l'organisation Women's Social and Political Union, créée en 1903 au Royaume-Uni pour revendiquer le droit de vote pour les femmes. Elles étaient moquées, bousculées, souvent arrêtées, et leur action choquait « la bonne société » (dont les femmes).

[2] Une pensée pour le courage sans bornes de Simone Veil il n'y a pas si longtemps à l'Assemblée nationale, ou de l'avocate Gisèle Halimi à la même époque.

[3] Oui, promouvoir donne « promeuve » au subjonctif, et pas « promote »…

● Les filles, sautez à l'eau !

- Pour devenir bon dans un domaine ou bien faire un job, il faut apprendre sur le tas, passer du temps, avoir des aînés qui vous forment et montrent l'exemple – c'est pareil pour les mecs et les filles.
- Dans vos études et après (ou quand vous n'avez pas fait d'études), foncez si vous voulez faire des parcours « de mec », dans des domaines « de mec », sans attendre qu'on vous le propose ou qu'on « croie en vous ».
- N'attendez pas non plus de croire en vous-mêmes pour foncer. **La confiance en soi, c'est l'élan qui fait que vous y allez malgré le doute, et que vous allez vous surprendre !**
- **Réclamez des stages, des postes, des augmentations, vantez-vous, faites votre propre pub** auprès de vos professeurs, en stage, en alternance ou comme jeunes embauchées. C'est là un des rares domaines dans lequel il faut carrément s'asseoir à deux fesses sur les règles de la discrétion dont je vous ai rebattu les oreilles plus haut.
- Et si vous faites bien votre job, les mecs vous accepteront rapidement.

Je terminerai ce chapitre sur « les femmes et les hommes », en affirmant qu'il faudrait qu'on soit tous attentifs quotidiennement à l'impact des images et des films sur nos subconscients.

L'actrice et réalisatrice Naomi McDougall Jones a fait un *speech smart* et très drôle dans un TED Talk : « Être une femme à Hollywood » en 2016. Elle explique qu'il y a très très peu de réalisateurs femmes, et que les actrices sont cantonnées à des rôles dits pudiquement de « support émotionnel » du héros. Son message est simple : **faisons en sorte qu'il y ait enfin des films dont les héros sont des femmes !**

Voici pourquoi : l'impact des films et séries, des images, des publicités sur notre subconscient est phénoménal. Ce qu'ils montrent affecte évidemment l'identité, les croyances et les comportements du public. Et hop, encore mon histoire de la « parole magique »... Il y a donc urgence à ce que tous, vous fassiez activement la démarche de rechercher les films faits par des femmes/gens issus de minorités... Ça vous permettra de ne pas louper plein de films top, et ça fera le succès d'artistes divers (sinon comme le dit Naomi McDougall, « vous pouvez toujours aller voir *Transformers 18* »).

Enfin, vous verrez que votre façon d'apprécier les histoires va évoluer. Les clichés vont commencer à vous paraître grossiers (et vous faire mal aux yeux), notamment la place des femmes sur les affiches de films. Et vous allez pouvoir influer positivement sur votre environnement.

10 QUELQUES OUTILS PRATIQUES POUR ALLER PLUS LOIN

Il est temps de vous donner quelques outils promis plus haut, en espérant que ces exemples vous seront utiles.

A. Un exemple d'emploi du temps

Ne vous embêtez pas trop avec le format ou la présentation. Vous pouvez parfaitement le faire à la main sur une feuille de brouillon ou, pourquoi pas, récupérer un agenda papier *old school*...

Vous noterez que cet emploi du temps n'est pas très détaillé et comporte de vraies plages de détente. Obligations et travail scolaire, choses à faire personnelles (comme un rendez-vous de médecin) doivent y figurer.

Horaires	Samedi	Dimanche	Lundi	Vous devinez…
10 h-11 h	Révision DST histoire	Économie – exos pour mercredi		Etc.
11 h-12 h	Déj + promenade	Géographie	Aller au parc	
15 h-16 h	Exos de physique pour lundi	Déjeuner chez mamie puis promenade	Athlétisme	
16 h-17 h	Lire *L'Esthétique* de Hegel			
17 h-18 h	Café avec Indiana et John-Henry		Relire les cours de la journée	Etc.
18 h-19 h	Faire fiches histoire/ chap. 3 à 8 pour lundi	Petite méditation YouTube de 15 minutes	Exos de maths pour demain	
19 h-20 h	Lecture livre au programme	Relire toutes les fiches et cours pour lundi	Petite méditation YouTube de 15 minutes	

J'ai jeté là une idée de type d'emploi du temps, pas super chargé, parce que si j'avais dû faire un emploi du temps de master 2 ça m'aurait pris des plombes, merci de votre compréhension.

B. Soignez votre premier contact avec le monde du travail : CV et lettre de motivation

Au moment de postuler à un stage, un poste en alternance ou un boulot étudiant, vous n'avez souvent aucune idée de ce qu'il faut écrire. Certains d'entre vous ont des parents qui « possèdent les codes » et les aident, d'autres pas du tout.

Je vais vous aider à comprendre l'exercice du CV, votre sésame vers la suite. Après, il y aura toujours des choses à affiner, mais vous aurez évité les boulettes qui compromettent une belle chance.

Les bons principes du CV

- Un CV a en général 3 grandes rubriques. Je vous mets plus loin une trame de CV, mais voici déjà quelques conseils de composition.
- D'abord **l'en-tête** avec votre nom et vos coordonnées, éventuellement votre âge, permis de conduire éventuel, et une photo. Puis la rubrique « **formation** » qui indique aussi votre lycée. Si vous n'avez pas **d'expérience professionnelle** (même en stages courts), essayez de trouver tout le « simili-professionnel » – petits boulots, engagement associatif, BAFA, connaissances en programmation… que vous pouvez regrouper sous le titre « Expériences », et ça passe.
- Mettez une rubrique « langues ». Ne soyez ni trop humble ni menteur. Par exemple si vous parlez couramment anglais, mettez bilingue. Comme tout le monde pipeaute là-dessus,

si vous mettez « anglais courant » on va croire que vous êtes vraiment nul. Il sera temps de tempérer honnêtement en entretien. **Attention**, on vous testera sûrement pendant la discussion (en tout cas moi je le fais).

- Si vous joignez une photo, pas de décolleté ou de photo prise en plein air à un mariage en smoking (ne riez pas, j'ai déjà vu) ou en pleine séance de ski nautique.
- Soyez sobre. Pas de blagounettes sur le CV, pas d'illustrations, de couleurs autres que noir, bleu ou gris (sauf si c'est pour un secteur vraiment créatif/déjanté). Ne prenez pas le risque. Si vous saviez le nombre de CV rigolos qui sont partagés entre copains, dans des mails titrés *La perle des CV du jour*...
- Imprimez, relisez, faites relire. Je vous garantis que vous trouverez des coquilles, des fautes et des choses pas compréhensibles ou mal écrites. Il y a des employeurs potentiels qui rejettent tout de suite un CV brouillon.

● Exemple de CV

(NB : Il y a pas mal de façon d'organiser les rubriques dans l'espace, vous pouvez aussi ajouter des infos « adresse, permis, maîtrise de logiciels informatiques, hobbies, etc. ». Dans une colonne à gauche.)

John Dumont
Nationalité XX
Âge

Tél., adresse, email, etc.
Permis de conduire

Mettez ici « en exergue » l'intitulé du poste recherché et si c'est un stage, la durée idéale

Lorsque vous avez un peu d'expérience professionnelle, vous pouvez remplacer par la description de vos atouts professionnels, par exemple **« Contrôle de gestion opérationnel/secteurs technologiques »**

EXPÉRIENCE PROFESSIONNELLE
– 3 ans d'expérience en agence média et en communication

Oct. 2017-nov. 2019 — **OH MEDIA – Conseil au sein du pôle Pim Pam –** *Paris, France*
[liste de vos missions]

Janvier-septembre 2017 — **MAIRIE DE GRANOUVILLE – Bureau de la communication**
Stage – [liste de vos missions]

FORMATION
– BAC + 5 COMMERCE, COMMUNICATION ET MARKETING

2015-2017 **MASTER AGRENCIA –** Master en Négociation et Affaires internationales de la Chambre de commerce et d'industrie de GRANOUVILLE. Spécialisation en Communication et Marketing.
2012-2015 **BACHELOR AGRENCIA –** Diplômé d'un Bachelor en Marketing et Affaires internationales. Spécialisation en Communication, Marketing et e-business.
2012 **Baccalauréat littéraire –** Mention Assez Bien – Option Anglais renforcé

LANGUES

Anglais : très courant : 980 sur 990 au Toeic
Allemand : lu, écrit, parlé
Janvier-avril 2007 : IES DONNESBURG – Université allemande de Donnesburg. 2e trimestre cursus AGRENCIA : cours d'allemand économique

INFORMATIONS COMPLÉMENTAIRES

Maîtrise du Pack Office. Notions de Photoshop
Loisirs : yoga, littérature, expositions, théâtre, cinéma, musique

La lettre de motivation : une galère nécessaire

Avec votre CV, vous devrez envoyer une lettre de motivation (en pièce jointe par email, c'est mieux, sinon un simple email d'accompagnement). J'ai un grand conseil : essayez d'être sincère et d'écrire des choses vraies ou vraisemblables. Ne tombez pas dans la lettre super banale repêchée chez le voisin, avec des « tartes à la crème » de jargon professionnel creux.

Ça aide pour l'inspiration de structurer la lettre en plusieurs paragraphes (**ne dépassez pas une page**).

- **Intro** – objet de votre demande (vous cherchez un stage dans tel département pour x mois).
- **« Pourquoi je fais l'affaire »** – Où j'en suis dans mes études/carrière, dans quel métier je désire poursuivre. Mes qualités pour le poste (rester modeste mais quand même se vendre). Mon expérience professionnelle pertinente (si j'en ai).
- **« Pourquoi c'est votre entreprise que j'ai choisie ».** Passez un peu la brosse aux gens à qui vous écrivez, sans trop en faire. Montrez qu'ils sont importants/en pointe dans leur industrie/qu'ils sont connus pour le développement des talents par exemple.
- **Puis formule de conclusion et politesse**.
- **Attention** à l'orthographe, aux coquilles et tout ! **Imprimez, relisez-vous, faites-vous relire** par des adultes.
- Plus on fait de lettres de motivation, plus on en lit, mieux on les fait. C'est en regardant celles des autres qu'on comprend comment les faire. Donc je vous mets un exemple plus loin. **À personnaliser !!**

Plus vous essaierez de mettre dans la lettre des éléments réels (sur votre personnalité, vos motivations pour être candidat dans cette entreprise/école) et des arguments sincères, plus le lecteur aura envie de vous rencontrer. Il se dira « Tiens, voilà une candidate motivée, qui a écrit une lettre simple et précise ». Soyez formel et clair.

Si vous faites le CV ou la lettre en anglais, procurez-vous là aussi de bons exemples, ça aide énormément. Surtout pour traduire les cursus universitaires qui n'existent pas ailleurs… Et faites là aussi relire par un anglophone aguerri. Mais si, ça doit se trouver autour de vous – au pire demandez à votre prof d'anglais.

Attention, vous enverrez sûrement pas mal de lettres de motivation en même temps. Ne faites pas comme moi il y a quelques années, qui ai fait un copier-coller malheureux et ai écrit à Danone que « j'adorerais travailler chez L'Oréal », ça part direct à la poubelle (et fait sans doute là aussi le tour des copains de votre correspondant…).

Exemples de lettre de motivation

J'ai mis ci-dessous deux modèles de lettre de motivation, un pour quelqu'un qui n'a quasiment pas d'expérience professionnelle et un pour un très jeune professionnel.

Mes exemples sont volontairement précis (marketing, informatique) afin que vous voyiez au-delà de la théorie ce que cela peut donner – comme quand vous étudiez un corrigé.

Mini-point : essayez de ne pas commencer votre lettre par « Je », ça chiffonne certains lecteurs. Bon courage, c'est toujours assez compliqué…

Philippa Dumont

Adresse etc.

Société Cible

Ville, le [date]

Objet : Candidature pour un stage en Informatique – été 2019 (3 mois)/Offre référence n ° XXX

Madame, Monsieur,

Par la présente, je me permets de vous adresser mes références afin de solliciter un stage à l'été 2019 au sein de votre département/afin de me porter candidate à votre offre de stage en Informatique (référence n° XXX).
Permettez-moi de vous exposer en quelques mots mon vœu d'intégrer l'équipe de Société Cible, et de vous adresser mes références.
Je suis actuellement élève en deuxième année d'école d'informatique, et le premier contact que j'ai eu avec le monde du développement, lors d'ateliers de programmation au lycée, m'a donné l'envie de rejoindre cet univers et d'en faire mon métier. J'aime travailler en équipe et participer à des projets complexes, intensifs en mathématiques et en logique, avec la perspective d'aboutir à des applications concrètes et utiles.
Je serais très heureuse de faire partie d'une entreprise aussi dynamique/enthousiasmante/innovante que Top Informatique, et de contribuer avec tout mon enthousiasme à la conception de logiciels de programmation au sein du département SoftwareGenius.
Je me tiens à votre entière disposition si vous désirez me rencontrer et vous prie d'agréer, Madame, Monsieur, l'expression de ma considération distinguée.

Philippa Dumont

Et pour un jeune professionnel avec une courte expérience :

Objet : Candidature pour le poste de chargé d'études Marketing Media/ Offre référence n° XXX

Madame, Monsieur,

Par la présente, je me permets de vous adresser mes références afin de me porter candidat pour un poste de chargé d'études Marketing Media au sein de votre département Études/afin de me porter candidat à votre offre de chargé d'études Marketing Media (référence n° XXX).
Permettez-moi de vous exposer en quelques mots mon vœu d'intégrer l'équipe de Selenium, et de vous adresser mes références.
Depuis plus d'un an, au sein d'agences de publicité, j'accompagne de grands clients comme Pim, Pam ou Poum dans la définition de leur stratégie média, et coordonne les projets en interne pour leur offrir les recommandations les plus adaptées à leurs besoins.
J'ai développé une bonne connaissance des médias et des mécanismes du marketing et de la communication de marque, et mon travail quotidien au côté de nos clients consiste à synthétiser des données, *benchmarker* les stratégies de marques concurrentes, et en tirer des propositions de plans média qui vont porter la marque. Avec ces solides bases média, je pense être imaginatif, mais aussi organisé et fiable.
J'aimerais maintenant passer de l'autre côté, et pouvoir travailler au sein même de l'équipe média d'une entreprise comme Selenium, réputée pour son professionnalisme et sa gestion des carrières. Je serais heureux de contribuer à la marche de votre groupe et, à ma mesure, à la continuation de son rayonnement.
Dans l'espérance de vous rencontrer, je vous prie d'agréer, Madame, Monsieur, l'expression de ma meilleure considération.
John Dumont

C. Préparer un entretien – Un petit guide pour faire votre Q&A

Pour vos entretiens d'entrée en école, de stage/apprentissage, comme pour vendre un projet étudiant à une entreprise, il est indispensable de passer du temps à vous préparer.

Imaginez les questions et sujets qui pourraient être abordés, et répondez-y : faites ce qu'on appelle votre « Q&A des questions fourbasses ». J'ai appris ce réflexe en faisant de la communication de crise, quand on entraîne un dirigeant d'entreprise à répondre aux assauts des journalistes. Il m'est utile quasiment tous les jours.

- Prenez votre CV, et imaginez les questions que sa lecture va déclencher. Vos faiblesses, les changements d'orientation, la mention « anglais scolaire ». Il faut pouvoir les expliquer et atténuer leur importance.
- Les points forts de votre CV doivent être aussi regardés – pour les exploiter à fond et amener votre interlocuteur dessus. Dans les points forts, je mets aussi des hobbies/engagements hors « études » qui valorisent votre personnalité.
- Renseignez-vous. Vous aurez évidemment à répondre à « qu'est-ce que vous connaissez de notre entreprise ?/de notre école ? ».
- Faites un peu d'introspection. Vos trois défauts, vos trois qualités ? (Évitez de répondre « la paresse »/« l'intelligence »...). Une fameuse question aussi : « où vous voyez-vous dans dix ans ? » – et là c'est OK de répondre que vous n'en avez AUCUNE idée mais que « le job/l'entreprise/l'administration/le programme de l'école vous séduit parce que, etc., etc. »

- Si vous présentez un projet, demandez-vous ce que ça va apporter à l'entreprise, pourquoi ce projet et pas un autre, quel pub ça va leur faire auprès des étudiants de votre université par exemple, en quoi ça colle bien avec l'image de cette entreprise…
- Essayez d'être vous-même convaincu par ce que vous dites. Vous aurez de la conviction, ça se sentira chez votre interlocuteur et vous aurez beaucoup plus de chances d'« emporter le morceau ».
- Ça aide aussi de vous être un peu renseigné sur la personne que vous rencontrez pour un stage ou un projet, ses tics et dadas, si vous le pouvez. **Profilez votre interlocuteur**. Vive le web.
- Pour finir, quand vous êtes prêt, trouvez un adulte pour vous tester dans un faux entretien. Vous verrez que la préparation n'est pas inutile…

– CONCLUSION –

MES CLÉS DU BONHEUR

Il n'y a pas de bonheur « dans l'absolu ». Être heureux c'est se sentir heureux, bien dans son corps (dont on prend soin) et dans ses baskets, serein et confiant envers soi-même et l'avenir.

Pour arriver à se sentir confiant dans la vie, il est nécessaire de travailler à se construire une perspective – sur ce qu'on fait aujourd'hui (pourquoi je dois travailler au lycée ? comment je dois faire pour que ça se passe au mieux ?), et sur ce qu'on pense qu'on aimerait faire dans un an ou plus tard. Je vous ai donné des outils et des conseils pour que vous leviez la tête du guidon et trouviez votre propre perspective.

D'ailleurs avoir une perspective, c'est aussi se façonner peu à peu son « sens de la vie » personnel. Vous prenez conscience de ce que vous aimez faire ou pas (études, métier, passion), ce qui vous permet de construire pas à pas le chemin vers ce but, vers ce « *something to look forward to* ».

Mais comme on n'arrive pas tout de suite à son but et que cela demande moult efforts, il faut s'octroyer des moments agréables, et consciemment s'organiser des loisirs, s'offrir des récompenses qui parsèmeront votre emploi du temps. C'est aussi une question de perspective – quotidienne. Dans une heure (de maths), je me promène au parc en écoutant ma musique, *go !*

Pour se donner les moyens d'être serein et de profiter de moments agréables qui vous reboostent, nous avons vu qu'il était indispensable de maîtriser votre temps, en vous organisant intelligemment un emploi du temps équilibré, et en anticipant toujours les tâches, devoirs et apprentissages – d'une semaine à l'autre, sur l'année, voire avant une rentrée.

En filigrane de mes conseils et aussi des outils que je donne, il y a partout la puissance et l'importance de votre cerveau inconscient. Prenez toujours soin de lui, donnez-lui des temps de respiration, nourrissez-le de pensées positives, voire gavez-le d'autosuggestions et de mantras valorisants. Utilisez-le pour être plus créatif et prendre confiance en vous-même, et aussi pour assimiler facilement les apprentissages !

Finalement, être au mieux dans sa peau, savoir ce qu'on veut faire, et réussir au maximum dans ses projets, ça peut être le bon mix.

MA RECETTE BONHEUR À MOI

- 30 % de dézingage de vos verrous psychologiques (« le succès ça n'arrive qu'aux autres, moi je n'arrive jamais à rien ») ;
- 30 % d'efforts pour devenir bon dans ce qu'on fait et avoir un coup d'avance dans sa tête ;
- 20 % de méthodes, trucs et astuces pour y arriver sans stress – efficace et indolore, etc. ;
- 20 % d'esprit collectif, de sens de la justice, d'entraide et d'interactions avec votre communauté[1].

Ajoutez une grosse pincée de sport, de hobbies/passions et de sommeil régulier et réparateur, et vous y êtes.

Pour conclure, si vous avez l'envie d'être heureux individuellement, et que vous savez développer par vos choix et vos actes, un sens de la responsabilité, de la justice et de l'environnement, j'ai la conviction qu'alors nous serons tous collectivement sur la bonne voie.

[1] Oui ça fait 100 % au total, je me suis relue…

– BIBLIOGRAPHIE –

Développement personnel/philosophie

David ALLEN, *S'organiser pour réussir,* getting things done, Leduc.s, 2015. Sur l'art de la *to do list* efficace et déstressante. L'auteur en a fait un TED Talk sur YouTube : https://www.youtube.com/watch?v=CHxhjDPKfbY

Julia CAMERON, *Libérez votre créativité*, J'ai Lu, 2007.

Nicholas CARR, *Internet rend-il bête ? Réapprendre à lire et à penser dans un monde fragmenté,* Éditions R. Laffont, 2011.

Héctor GARCÍA et Francesc MIRALLES, *La Méthode Ikigai, découvrez votre mission de vie*, Sonar, 2018.

Sur l'Ikigai qui peut vous aider à trouver ce que vous aimeriez faire dans la vie. Interview des auteurs et premiers éléments de méthode par le magazine *Psychologies* en 2018 (www.Psychologies.com).

Valérie GUERLAIN, *Petit manuel à l'usage de ceux pour qui l'oral est un cauchemar,* Le Livre de Poche, 2019.

Angela DUCKWORTH, *L'Art de la niaque (ou Comment la passion et la persévérance forgent les destins)*, Éditions JC Lattès, 2017.

Charles PÉPIN, *Les Vertus de l'échec*, Allary Éditions, 2016.

Charles PÉPIN, *La Confiance en soi, une philosophie*, Allary Éditions, 2018.

Catherine Price, *Lâche ton téléphone ! Programme de détox digitale*, Le Livre de Poche, 2018.

En gros il y a deux étapes, Wake Up ! la prise de conscience, et Break up ! un programme détox de quatre semaines pour changer ses habitudes.

Alex Soojung-Kim Pang, *Rest: Why you get more done when your work less*, Éditions Penguin Life, 2016.

Pas encore traduit en français mais ça donne : « Le repos (les loisirs ?), ou Pourquoi on accomplit plus en travaillant moins. »

Lætitia Strauch-Bonart, *Les hommes sont-ils obsolètes ?*, Éditions Fayard, 2018.

Dr Laurie Santos, *Psych 157 – Psychology and the good life* (« Psychologie et bonheur »).

Devant le succès du cours, il a été mis en ligne ! en anglais… https://www.coursera.org/learn/the-science-of-well-being

Eckhart Tolle, *Le Pouvoir du moment présent, guide d'éveil spirituel*, J'ai lu, 2010.

Méditation – Livres et idées de vidéos sur Internet

Christophe André, *Méditer jour après jour. 25 leçons pour vivre en pleine conscience*, Éditions L'Iconoclaste, 2011 (livre + CD pour celles et ceux qui savent encore ce qu'est un CD).

Je vous recommande aussi les vidéos YouTube très simples de Christophe André ou celle de Matthieu Ricard : « La méditation (L'entraînement de l'esprit). »

Pour se déstresser

Il y a des applis pour smartphone à foison. J'aime bien Petit Bambou, qui vous donne aussi une boîte à outils pour réagir positivement face à certaines situations, notamment de stress. Il y a l'appli Zenfie et, si vous parlez anglais, les applis Calm ou Headspace. Et The Breathing App, top pour vous aider à faire un instant de respirations à n'importe quel moment, et ça repart.

YouTube – « Suivre sa respiration », par Christophe André.

Pour dormir

YouTube – « Méditation du soir pour lâcher prise », par Cédric Michel.

Pour positiver le matin

YouTube – « Méditation guidée du matin pour une journée harmonieuse », par Jenna Blossoms.

YouTube – « Méditation du matin », par Pascale Picavet.

Ouvrages pour approfondir les sujets abordés

Psychologie et santé

Dr Laurent Alexandre, *La Guerre des intelligences*, Éditions JC Lattès, 2017.

Sur les expériences du professeur Carol Dweck au sujet de la bonne façon d'aborder les études et le travail scolaire/universitaire : https://www.scientificamerican.com/article/the-secret-to-raising-smart-kids1/

Pr David Gourion, *La fragilité psychique des jeunes adultes*, Éditions Odile Jacob, 2015.

Olivier Masselot, *NeuroQuantis, l'Entreprise Neuro-quantique : Un modèle quantique d'épanouissement de l'individu et de toute organisation*, Le Courrier du Livre, 2012. C'est écrit pour l'entreprise mais ça s'applique partout.

Joseph Murphy, *La Puissance de votre subconscient*, Les Éditions de l'Homme, 2013 – https://www.youtube.com/watch?v=v0EL9MDDSbA

Interview par le *Huffington Post* de Matthieu Ricard, porte-parole du dalaï-lama, sur les bienfaits de l'altruisme très inspirante et intéressante : http://www.huffingtonpost.fr/2013/09/21/plaidoyer-pour-laltruisme-matthieu-ricard-interview_n_3954284.html

Et son (gros) livre : Matthieu Ricard, *Plaidoyer pour l'altruisme*, Pocket, 2014.

Pr Robert Sutton, *Objectif Zéro Sale Con, Petit guide de survie pour faire face aux connards, despotes, enfoirés [...] qui sévissent au travail*, Pocket, 2011. Mieux, lisez-le en anglais pour vous entraîner.

Catherine Vidal, *Hommes-Femmes, avons-nous le même cerveau ?*, Le Pommier, 2012.

Virginia Woolf, *A room of one's own*, Hogarth Press, 1929 ; *Une chambre à soi*, Éditions 10/18, 2001.

TED Talks

TED (Technology, Entertainment, Design) est une organisation media qui propose des conférences avec des orateurs inspirants et qui ont réussi dans leur domaine – http://www.tedxparis.com

Conférence TED de la neurobiologiste Catherine Vidal, « Le cerveau a-t-il un sexe ? », 2011.

Conférence TED de l'actrice, réalisatrice et productrice Naomi McDougall Jones, « Être une femme à Hollywood », 2016.

TED Talk de Justin Baldoni un acteur et mannequin américain « Pourquoi j'en ai fini d'essayer d'être un vrai mec », 2017.

Santé

Giulia Enders, Isabelle Liber, *Le Charme discret de l'intestin, tout sur un organe mal aimé,* Éditions Actes Sud, 2017.

Pour en savoir plus sur les principes de la médecine indienne ayurvédique : http://la-voie-de-l-ayurveda.com/augmentez-votre-feu-digestif-agni-afin-detre-en-meilleure-sante/

Sport

Chaîne YouTube Bodytime avec deux coachs sportifs sympas.

Appli smartphone Asana Rebel pour de la gym/yoga tonique.

Chaîne YouTube de Sandra Insoha, Practice and shine (c'est en français).

Yoga sur Netflix.

● Fun

Malcolm Gladwell, *Outliers: The Story Of Success*, Back Bay Books, 2009 ; *Les Prodiges. Pourquoi les qualités personnelles et le talent ne suffisent pas à expliquer le succès ?*, Éditions Transcontinentales, 2013.

Netflix Black Mirror Saison 3 – Le premier épisode de la série, *Nosedive* (« chute libre ») met en scène un monde dans lequel tout le monde peut se noter les uns les autres sur son smartphone à chaque interaction, et ça influence le statut socio-économique de la personne notée.

Gustave Flaubert, *Madame Bovary*, Le Livre de Poche, 2019...

PAPIER À BASE DE
FIBRES CERTIFIÉES

Le Livre de Poche s'engage pour l'environnement en réduisant l'empreinte carbone de ses livres. Celle de cet exemplaire est de :
800 g éq. CO_2
Rendez-vous sur
www.livredepoche-durable.fr

Composition réalisée par Soft Office

Achevé d'imprimer en août 2019 en Espagne par
Unigraf
Dépôt légal 1re publication : octobre 2019
LIBRAIRIE GÉNÉRALE FRANÇAISE
21, rue du Montparnasse – 75298 Paris Cedex 06

57/1734/7